작고 소박한 나만의 생업 만들기

작고 소박한 나만의 생업 만들기

인생을 도둑맞지 않고 사는 법

초판 1쇄 발행 2015년 7월 20일
초판 6쇄 발행 2020년 6월 25일

지은이 | 이토 히로시
옮긴이 | 지비원
디자인 | 최진규
삽화 | 신병근

펴낸이 | 박숙희
펴낸곳 | 메멘토
신고 | 2012년 2월 8일 제25100-2012-32호
주소 | 서울시 은평구 연서로182-1, 502호
전화 | 070-8256-1543 팩스 | 0505-330-1543
이메일 | mementopub@gmail.com 블로그 | http://mementopub.tistory.com
페이스북 | facebook.com/mementopub

번역 저작권 ⓒ지비원
ISBN 978-89-98614-12-6 (03300)

작고 소박한
나만의 생업
만들기

인생을 도둑맞지 않고 사는 법

이토 히로시 지음 — 지비원 옮김

메멘토

:: 이 책은 2012년 도쿄쇼세키(東京書籍) 사에서 출간된『생업을 만들다: 인생을 도둑맞지 않고 일하
는 방식(ナリワイをつくる: 人生を盗まれない働き方)』을 한국어로 옮긴 것이다.

:: 맞춤법과 외래어 표기는 1989년 3월부터 시행된 〈한글 맞춤법 규정〉에 따랐다.

:: 원주와 역주는 해당 본문 옆 괄호 안에 두었고, 역주는 (─옮긴이)로 표시했다.

"이러다간 인생을 도둑맞는다"

차례

혼자서도 시작할 수 있고, 돈 때문에 내 시간과 건강을 해치지 않으며, 하면 할수록 머리와 몸이 단련되고 기술이 늘어나는 일, 이것이 바로 '생업(生業, ナリワイ)'이다.

앞으로는 한 사람이 생업을 세 가지 이상 갖고 있으면 즐겁게 살아갈 수 있는 시대가 되리라고 생각한다.

일이라고 하면 가장 먼저 취직을 떠올릴 테다. 곧 회사에 들어가 일하는 것을 상식으로 여기는 것이다. 더군다나 오늘날에는 '일은 생활을 희생하며 하는 것'이라고 당연하게 여기고, 자신의 시간과 건강을 쪼개 팔면서 돈과 교환한다고 생각한다.

문제는 그렇게 일을 하는 것 자체가 매우 힘들어졌다는 점이다. 건강이 나빠져 회사를 그만두는 사람도 적지 않다. 일례로, 내 친구나 지인들 중에 우울증이나 과로로 퇴사한 사람이 열 명이 넘는다.

나 역시 작은 벤처 기업에서 밤낮없이 일한 적이 있다. 그때는 완벽히 집과 회사 따로인 생활을 했기에 별로 기억나는 일이 없다. 스트레스 때문이었는지 자기 전에 하겐다즈 아이스크림을 먹지 않으면 잠들지 못했던 때도 종종 있었다. 잠자는 시간을 줄여가며 번 돈이 수면 부족 때문에 생긴 스트레스를 해소하기 위한 아이스크림 값으로 날아갔다.

이건 좀 이상하지 않은가.

지금도 자칭 커리어 컨설턴트(career consultant: 개인의 경력과 능력 및 적성을 파악하여 적합한 직업을 가질 수 있도록 도와주는 일을 하는 사람—옮긴이)들이 방송에 나와 '일은 인생의 대부분을 차지하니까 제대로 택해야 한다'라며 취직을 준비하는 학생들에게 조언을 하고 있다. 하지만 그 말을 듣기 전에 생각해보자. 인생의 대부분을 인생과 괴리된 일에 점거당해도 괜찮은 걸까?

다이쇼(大正) 9년(1920)에 실시된 국세조사(國勢調査: 일본 내 인구, 세대, 산업구조 등을 파악하기 위해 5년마다 한 번씩 행하는 통계 조사—옮긴이)에서 사람들이 신고한 직업은 약 3만 5,000종이었다. 반면 후생노동성의 「일본표준직업분류」에 따르면, 지금은 2,167개의 직종이 존재한다. 불과 90여 년 전에는 상상하기 힘들 만큼 많은 직업이 있었고 일의 다양성도 높았던 셈이다.

작고 소박한 나만의 생업 만들기

전후에 '주식회사 일본'은 그러한 다양성을 버리고 업종을 축소함으로써 급속히 성장했다. 이른바 고도 경제 성장이다.

업종을 축소했던 산업은 21세기 초에 접어들어 전환점을 맞았다. 2012년에 먼저 제조업이 대규모 구조조정을 시작했고, 단 세 군데의 회사에서 2만 명이 넘는 사람들이 명예퇴직을 할 예정이라고 한다.

일의 다양성을 잃어버린 우리는 어디로 가고 있을까.

경기가 나쁘다고 하는데도 일의 양은 줄지 않는다. 그런 한편으로 쓰레기는 늘고 있다. 더 이상 새롭게 만들어낼 것이 없지 않을까 싶을 정도다. 이런 모순을 접하다 보면 자연스럽게 '이상하다. 왜 이렇게 바쁠까'라는 생각이 든다.

이러한 모순이 생겨나는 원인 중 하나는 전업화이다. 대부분의 사람이 한 가지 일만 해야 한다는 사고방식을 가지고 있다면, 아무래도 경쟁이 극심해질 수밖에 없다. 또, 하나만 해서 생계를 잇기 어려운 일은 억지로 규모를 키워야 하니 노력에 상응하는 결과를 얻기 힘들다.

이렇게는 견딜 수 없다.

원래는 계절마다 생업이 바뀌었고 다양한 일이 있었다. 그리고 그것들을 조합하면서 생활을 꾸려갔다. 그러던 것이 불과 4, 50년 사이에 바뀌고 말았다. 일본의 노동방식에 나타나고 있는 모순의 근원이 여기에도 존재한다.

예를 들어, 니트(Not in Education, Employment or Training의 약자. 학생도 아니고 직장인도 아니면서 취업을 할 의욕도 없는 무직 상태의 젊은 사람들을 가리킨다―옮긴이) 문제는 직업의 다양성이 급격히 감소하자 그런 상황에 적응하지 못한 사람들이 눈에 띄게 된 것뿐이다. 그런데도 회사에 취직하기 위한 직업훈련 외에 다른 대책이 없다면 참으로 무력하달밖에. 이제는 새로운 일을 만들어내지 않으면 문제는 쉽게 해결되지 않을 것이다.

이런 상황에서도 연봉은 변함없이 일의 가치를 정하는 강력한 기준이다. 하지만 연봉이 높은 만큼 스트레스를 받고 건강이 상하거나 지출이 늘어난다면 본말이 전도되었다고 할 수 있지 않을까.

그간 이러한 문제들을 해결하기 위한 몇몇 방향이 제시되기도 했다. 후지무라 야스유키(藤村靖之, 1944~ : 발명가. 니혼 대학 공학부 객원교수. 대표 저서로 『3만 엔 비즈니스, 적게 일하고 더 행복하기』가 있다)는 "한 달에 3만 엔을 버는 일을 열 개 만들자"라고 하였고, 미야모토 쓰네이치(宮本常一, 1907~1981 : 일본을 대표하는 민속학자. 대표 저서에는 『생업의 역사』가 있다)가 조사한 것처럼 다양한 직업을 갖는 농촌 생활도 제시되었다.

독일 역시 십수 년 전만 하더라도 약 10퍼센트의 기업이 전체 노동자의 약 90퍼센트를 고용하고 있었지만, 지금은 그 비율이 65퍼센트 정도로 낮아졌다. 독일의 철학자 한스 이믈러[Hans Immler : 『경제학은 자연을 어떻게 다루어왔는가(*Natur in der Ökonomischen Theorie*)』의 저자]도 세계화된 사회에서 앞으로는 새로운 형태의 가족경영체가 큰 가능성이 있다고 이야기하고 있다.

말하자면 미래의 직업은 일과 생활 모두에 충실하며, 몸과 마음이 함께 건강해지는 것이어야만 한다.

현재 '새로운 일하기 방식'으로 제시되고 있는 것들은 세계화가 더욱 진전되어 경쟁이 극심해질 테니 세계에서 통할 수 있는 높은 수준의 능력을 계발하고, 광고하듯 자기 자신을 선전하면서 돈을 벌어야 한다는 식으로 이야기되는 것이 태반이다.

하지만 전 세계를 상대로 극심한 경쟁을 하면서 건강도 지킬 수 있는 이들은 꽤나 전투적인 성격을 가진 사람들뿐이다.

이 책에서 이야기하는 '생업' 작전은 그것과 다르다. 거대한 사업은 전투적인 사람들의 전쟁터다. 우리는 한때 너도나도 이용하던 대규모 웹서비스가 몇 년 사이에 쇠퇴하고 마는 사례를 눈앞에서 보고 있다. 그런 거대한 비즈니스는 '생업'이 아니다. 생업은 작은 일들을 조합하여 생활을 구성해가는 것으로, 공룡 비즈니스 모델에서 미생물 비즈니스 모델로 전환하려는 시도이다.

창업에는 으레 많은 준비가 따르고 거창한 시스템이 필요하리라 생각한다. 하지만 생업은 그런 관습을 따르지 않고 생활 속에서 구체적인 '실마리'를 찾아내어 작은 일이지만 하나하나 나만의 사업으로 만드는 것을 목표로 삼는다. 그렇기에 큰 투자를 받을 필요가 없다. 투자를 받으면 오히려 출자자들이 지나친 기대를 할 테니 이것 역시 바람직하지 않다.

오늘날 우리는 자급하면서 생활하는 능력이 많이 떨어진 상태다. 매일매일 생활하다 보면 별달리 하는 일도 없는데 지출이 많다. 그래서 일을 잠시 접고 멈춰 설 만한 여유가 없는 것이다. 생각할 틈이 없으니까 대출을 받아 집을 사기도 하고, 당장 필요한 자금 때문에 불리한 일을 맡기도 한다.

이러다간 인생을 도둑맞는다.

우선 자급력을 높이고 쓸데없는 지출을 줄이자. 습관적으로 쇼핑을 하는 경우가 의외로 많은데 이 버릇을 버리면 여유가 생긴다. 새로운 일을 시작할 때는 역시 마음과 시간의 여유가 필요하다. 되도록 돈을 쓰지 않고 갖고 싶은 것을 스스로 궁리해 만들다 보면 자급력이 생겨난다. 그 가운데 괜찮은 기술이 있다면, 그것이 곧 '생업'이 된다.

예를 들어, 요리를 좋아한다면 조금씩 솜씨를 늘려가면서 누군가의 집에서 열리는 파티의 요리를 담당하면 어떨까. 처음에는 자원봉사 형식도 괜찮다. 자원봉사에서 시작하여 서서히 경력을 쌓아가면 작은 사업이 된다. 요즘은 외식보다 좋은 재료를 사서 직접 만드는 쪽이 경제적이다. 또 요리를 하면 그만큼 식생활도 즐거워진다. 규모야 어떻든 반드시 사업이 될 것이다.

'생업'은 '삶[生]'과 '일[業]'이 합쳐진 것이다. 노동이 아니냐고 반문할 수도 있겠지만 일을 하면서 즐거워야 하는 것도 중요하므로 단순한 노동은 아니다. 생업의 목표는 어디까지나 인생을 충실하게 만드는 것이다.

갑작스럽게 '생업'만으로 생활해나간다면 무리일지도 모른다. 하지만 회사에 다니고 있더라도 회사 일에 지장이 없는 선에서 한 가지 일을 더 하는 정도는 누구나 할 수 있다. '생업'을 하나만이라도 가질 수 있다면, 회사에서 나오는 월급에만 의존했던 때와 전혀 다른 풍경이 눈앞에 펼쳐질 것이다. 또 그것은 삶에 대한 자신감으로 이어진다.

나는 생업 만드는 생활을 6년째 하고 있다. 몽골에 가고 싶었지만 참가하고 싶은 여행 상품이 없었던 경험을 바탕으로 일 년에 두 번만 떠나는 '몽골 진짜배기 생활체험 투어'를 시작했고, 건강한 자영업을 실천하고 있는 사람들의 생활방식도 배우고 현장에서 그들에게 직접 가르침을 받을 수 있는 학교가 있으면 좋겠다는 생각에서 단기 집중강좌 '구마노 생활방식 디자인 스쿨—시골에서 장작가마로 굽는 빵가게 열기'를 기획하는 등 일곱 개의 생업을 만들었다. 그 외에도 목조 학교 건물에서 결혼식을 치를 수 있도록 실내 장식부터 청첩장, 사진 촬영, 답례품까지 디자이너, 작가와 함께 기획하여 운영하는 '목조 교사(校舍) 웨딩'도 하고 있고, 직접 리모델링하여 만든 셰어오피스 '스튜디오 4'와 집 한 채를 전부 빌려주는 교토의 숙소 '고킨엔(古今燕)'도 운영하고 있다. 또 친구네 매실 농장에 수확기에만 일손을 거들러 가는데 그 김에 매일 일에 쫓겨 친구가 좀처럼 시도하지 못하는 상품 개발을 돕기도 하고, 산골 마을 할머니들이 직접 만든 생화 장식 '하나아미'의 판매를 거들기도 한다.

　이런 일들은 전부 적극적으로 영업을 하여 따낸 것이 아니다. 살면서 만나온 사람들에게 도움이 되는 일이 있으면 그것을 한다는 단순한 동기에서 시작했다. 하나만으로는 생계를 유지하기 힘들지만, 여러 가지를 조합하면서 주로 도쿄에서 생활하고 있다.

　특히 내 힘으로 집을 짓고 수리하는 데 힘을 기울였다. 그 덕에 건물 해체, 흙벽 바르기, 페인트칠하기, 맹장지(광선을 막으려고 안과 밖에 두꺼운 종이를 겹바른 장지—옮긴이) 바르기, 콘크리트 블록 담 해체, 마루 깔기, 적절한 매물 찾기 등은 얼추 할 수 있게 되었다. 이런 일들은 아는 사람들과 같이하면 노는 듯한 분위기가 나므로, 마치 학교에서 특별활동을 하듯이 즐거운 기분이 들기도 한다.

덧붙이자면 취직을 하여 도쿄로 왔을 때는 일이 너무 바빠 친구나 지인을 한 사람도 만들지 못했다. 그런데 부득이하게 생업을 만들게 되고 생활과 밀착된 일을 조금씩 늘려가는 사이에 어느덧 새로운 사람들의 인정을 받게 되었다. 감사한 일이다.

기업의 의뢰를 받는 일은 거의 하고 있지 않기 때문에 '큰 건을 따냈다!'라며 흥분하는 일은 많지 않다. 그 대신 늘 작은 즐거움이 있다. 삶의 깊은 맛을 경험하는 느낌이랄까.

나는 이 책을 통해 지난 5년간 '생업'을 발굴하고 개발하면서 깨달은 것들을 정리하고 사람들과 '생업'에 대해 고민해보려 한다.

지금은 비교 경쟁이 가능한 사업 분야에서는 세계적인 차원에서 경쟁을 해야 한다. 이러한 시대에 어떠한 노동방식과 생활방식이 대안이 될 수 있을까.

일이자 생활이기도 하고 놀이가 될 수 있는 '생업'은 가혹한 경쟁에 휘말리지 않는다. 불과 60여 년 전에는 많은 사람이 그런 일을 갖고 있었다. 그러던 것이 고도 경제 성장기를 거치면서 잊혔을 뿐이고, 회사에 들어가야 한다는 생각이 일반화된 것은 겨우 4, 50년에 지나지 않는다.

경쟁 없이, 흔들림 없이 생활해나가기 위한 하나의 작전은 각 개인이 자신의 '생업'을 갖는 것이다. 내가 만든 작은 일이 내 곁에 있는 사람에게 도움이 되고 사업이 된다. 너무나 재미있는 일 아닌가.

물론 아무런 경험이 없는 상태에서 생업을 개발하려면 훈련이 필요할지 모른다. 하지만 내가 축적한 노하우를 나눈다면 다들 조금은 편하게 자신의 생업을 시작할 수 있을 것이다.

말하자면 나는 나 자신을 대상으로 실험 중이다. 그러므로 이 책은 내가 실패를 거듭하며 얻은 연구 성과이자, 또한 사람들이 최소한의 시행착오만 거치기를 바라면서 정리한 현장 보고서이기도 하다.

아직 실험 중이지만 나는 생업이라는 일하기 방식이 답답한 현대 사회의 분위기를 바꿔놓을 수 있는 힘을 갖고 있다고 확신한다.

일도, 갖고 싶은 것도 자기가 만드는 것이 재미있다.

관심이 있는 분들은 본문을 계속 읽어주시기를 바란다.

이토 히로시

작고 소박한 나만의 생업 만들기

○ 문제

콘크리트 블록으로 쌓은 담 때문에 집이 칙칙해 보입니다.
돈을 들이지 않고 이 담을 즐겁게 부술 수 있는 방법은 없을까요?

● 생업식 예시 답안

콘크리트 담 뒤를 시트로 감싼 다음
해머로 마음껏 두들겨 부숩니다.

● 생업식 해설

콘크리트 담 부수기는 가장 통쾌했던 DIY 액션입니다. 콘크리트
담은 과도하게 집을 둘러싸고 있어 경관을 가릴뿐더러 집의 전망도
해칩니다. 고킨엔은 교토에 마련한 숙소인데, 풍치가 있는 건물의
외관을 잘 드러내려면 약 2미터 높이의 콘크리트 담을 낮출 필요가
있었습니다. 집수리를 하는 분들에게 이 작업을 요청하면 3만 엔 정
도의 비용이 듭니다. 그래서 직접 작업하는 방법을 택했습니다. 해

보면 무척 즐겁기 때문에 나 혼자 하기에는 아깝다고 생각하고 트위터 등에서 '콘크리트 담을 부수고 싶은 사람'을 모집한 결과, 열 명 정도가 모였습니다. 해체 작업 당일에는 이들에게 순서를 정해주고 차례로 작업에 들어갔습니다.

독일의 베를린 장벽이 무너지던 때 많은 군중이 모여들었는데, 동서 독일의 통일을 마주하는 역사의 현장이기도 했겠지만 단순히 벽을 부수는 행위 자체가 즐거웠기 때문이 아닐까 합니다.

결과도 물론 중요하지만 과정의 즐거움을 다시 생각해볼 시기가 찾아오지 않았을까요?

※ 담을 부순 뒤에 나오는 폐기물 처리 비용은 별도로 들기 때문에 지방자치단체 등에 미리 확인해두세요.

● 생업식 응용

콘크리트 블록 담 부수기를 일거리로 삼는 세미프로페셔널 집단 '전국 콘크리트 담 해머해체협회'를 조직합니다. 일 년에 한 번 전국적인 모임을 열어 해체해야 하는 콘크리트 담을 사람의 힘으로 부숩니다. 낡은 콘크리트 담은 지진이 일어나면 무너져서 길을 막을 위험이 있기 때문에 이 모임의 의의는 크다고 생각합니다.

작고 소박한 나만의 생업 만들기

일 년에 두 번만 떠나는 '몽골 진짜배기 생활체험 투어'. 유목민의 생활을 체험하는 워크숍을 하겠다는 동기에서 시작하여 2012년에 6년째가 되었다.

목조 학교 건물에서 결혼식을 올리고 싶다는 신랑 신부를 위한 결혼식 기획 운영. 결혼식 당일 사진 촬영 및 답례품과 청첩장 제작도 기획 단계부터 작가, 디자이너와 함께한다. 식장은 인테리어 일을 하는 친구와 함께 장식했다. 음악 및 사회도 각각 자신 있는 사람들이 담당한다.

'시골에서 장작가마로 굽는 빵가게 열기' 강좌에서.

시골 생활이 어떤지 알아가면서 수입을 확실히 얻을 수 있는 기술을 익히는 실천적 워크숍을 하고 싶다는 생각에서 만든 '시골에서 장작가마로 굽는 빵가게 열기' 강좌.

큰 사무실을 빌려서 나누면 싸고 넓은 공간을 만들 수 있다는 단순한 생각에서 시작한 셰어오피스 '스튜디오 4'. 돈을 들이지 않고 실내 인테리어를 깔끔하게 하고 커튼은 사용자들이 직접 만들었다.

古きと新しき文化の拠点
京都一棟貸し宿
古今燕

일박부터 숙박 가능한 교토의 독채 임대 숙소 '고킨엔'. 이곳도 학생 시절을 보낸 교토에 갈 때 머무를 곳이 있으면 좋겠다는 단순한 동기에서 시작했다.

워크숍을 기획하여 기술을 익힌 마루 깔기. 테이블 등 가구도 직접 만들었고 흙마루에는 부뚜막도 놓았다. 생활의 자급도를 높여가면 그만큼 필요한 서비스를 구매하기 위해 해야만 하는 노동에 빼앗기는 시간이 줄어든다. 그러다 보면 '인생을 도둑맞지 않게 될' 가능성이 조금씩 높아진다.

매실 수확은 장마철이 농번기다. 이 시기에만 일손이 필요하다고 하여 매실 수확을 돕고 있다. 매실주를 담그는 데 사용하는 매실은 땅에 떨어지기 전에 수확해야 한다.

산골 할머니들이 직접 만든 생화 장식 '하나아미'. 구마모토의 산기슭, 와카야마 현 고자가와마치의 한계 취락에서 일손이 부족해 경작을 못 하고 있는 농경지에 화초 씨앗을 뿌리는 활동을 하고 있다. 거기에서 키운 꽃의 사용처와 꽃장식 판매를 고민하는 생업.

건강을 유지하기 위해 태극권을 연마하고 있다. 건강도 '자급'을 실천한다.

▌옷 수선해 입기. 너덜너덜해진 옷을 어디까지 고쳐 입을 수 있을지 도전. 수선을 하면 겉보기도 달라지고 재미있는 옷이 된다.

▌폐촌 조사. 폐촌을 이대로 방치하는 것은 아까우니 부활시킬 방법은 없는지 꾸준히 살펴보고 있다.

▌가끔 주먹밥을 전문으로 하는 출장요리 서비스도 한다.

▌아이돌의 세계는 부침이 심하다. 격심한 경쟁에 휘둘리지 않아도 되는 다양한 일을 하는 아이돌이 필요하다는 취지에서 '불을 피우지 못하면 아이돌이 아니다'를 모토로 고대부터 무녀들이 맡았던 불 피우기 의식을 하는 '불을 피우는 아이돌'이라는 행사를 기획했다. 여기에 참여한 첫 번째 아이돌은 솥에 불을 때는 의식이 있는 신사에서 기원을 드렸고, 두 번째 아이돌은 옛날 방식으로 불을 피우는 검정시험에서 급수를 딸 만큼 공부를 하는 한편, 방송국 아나운서 시험에 합격하여 현재는 아이돌 활동을 하지 않고 있다.

제1장

생업이란 무엇인가

생업으로 생활한다는 것

생업이란 생활을 충실하게 해가면서 일을 만드는 방법이다. 수비를 튼튼히 한 다음 공격을 하는 것이 여기에 필요한 기본 작전이다.

무슨 이야기인지 하나씩 설명해보자. '수비'란 무엇보다 먼저 쓸데없는 지출을 줄이는 것을 말한다. 지출을 줄이면서 동시에 생활이 풍요로워질 방법을 고민한다. 혹시 뜻하지 않은 사정이 생겼을 때 한 달에 3만 엔(2015년 7월 초 환율로 환산하면 한국 돈으로 28만 원가량—옮긴이) 정도의 수입으로도 살아갈 수 있는 생활 장소를 찾아두고, 만약의 경우 그 주변에서 일할 수 있는 태세를 갖춰나간다. 쓸데없는 지출을 찾아내 줄이는 생활을 하면, 큰 규모의 사업들이 가지고 있는 모순을 발견하는 감각이 길러진다. 그리고 그 모순이 대개 '회사'

에서 '전업'으로 일하기 때문에 생긴다는 것을 깨닫게 된다.

그다음 '공격'은 본질적으로 내용이 충실한 서비스를 제시해가는 것을 말한다.

숲에 사는 사람의 생활을 예로 들어보자. 숲 근처에서 조용히 살면서 과일나무를 심거나 산에 가서 땔나무를 하기도 하고, 그러면서 버섯 따는 곳을 파악하는 등 매일 과하지 않게 일하고도 쾌적한 주거와 먹거리를 확보할 수 있는 환경을 만들어간다. 그러다가 통나무집을 지으며 놀아도 된다. 이렇게만 살아도 충분히 즐겁고 유쾌하지만, 가끔 도시로 나가서 산에서 나는 것들을 팔아 돈을 벌기도 한다. 생업은 이렇게 우선 자기 생활을 즐겁게 만드는 데서부터 시작한다.

생업은 돈이 많이 들 법한 준비를 하지 않고서도 생활 속에서 일거리를 찾아내는 것이다. 그리고 그런 일 몇 가지를 조합하여 일하면서 생활에 충실을 기한다. 이른바 현대 자본주의 사회에서 펼치는 평화로운 게릴라 작전이랄까. 그러므로 고객층을 분석하고 투자를 받아서 시작하는 거창한 사업도 아니고, 하물며 남의 돈을 빌려 투자하는 것처럼 별 노하우 없이 쉽게 돈을 벌지도 않는다. 일 년에 한 번 일하는 생업으로 30만 엔을 벌거나 매달 3만 엔이나 5만 엔을 버는 생업을 동시에 몇 개 하면서 생활을 하는 소박한 방식이다. 벌이의 최소 단위가 작으므로 회사에 다니면서 생업의 가짓수를 조금씩 늘려가는 것도 한 방법이다. 여름에 땀 흘려 부지런히 일하고, 겨울에는 조용히 봄을 준비하는 방식도 있을 수 있다. 각자 형편에 맞추어가면 된다.

세상에는 건강과 시간을 돈과 교환하는 일이 무수히 많지만 '특별한 재능도 필요 없고, 일용할 양식을 얻으면서 동시에 생활을 충실하게 만드는 일=생업'도 알게 모르게 많이 존재한다는 것을 먼저 이야기하고 싶다.

'일본의 제조업은 이제 틀렸다' '잘나가는 업계로 이직하지 않으면 안 될 것 같다'라며 일에 대한 기존의 관점을 좇으며 초조해 하지 않더라도 생업의 관점에서 보면, 작은 일은 실제로 많이 존재하고 게다가 스스로 만들 수도 있다. 그저 지금까지 조그만 일들은 '전혀 돈벌이가 되지 않는다'라며 무시되어왔을 따름이다. 하지만 작기 때문에 불필요하게 투자를 받지 않아도 된다. 또 시간을 들여 개인 차원에서 키워나가는 선택지도 있다는 이야기를 하고 싶다.

예를 들면, 내가 하고 있는 '몽골 진짜배기 생활체험 투어'라는 생업이 있다. 이 투어는 현지에서 모여도 괜찮고, 정해진 코스나 일정 없이 유목민 문화를 실제로 보고 체험하는 워크숍이다.

오늘날 여행 업계는 경쟁이 극심하다. 그렇기 때문에 여행객을 많이 모으고 그들을 얼마나 효율적으로 이곳저곳 다니게 하는지가 가장 중요하다. 그러다 보니 가격 경쟁도 심해지고 여행의 목적이나 내용 같은 건 고민할 여유가 없다. 되도록 효율성을 높이기 위하여 정해진 관광명소를 둘러보는 식의 무난한 코스를 짜고, 호텔과 기념품 가게에서 받는 수수료를 염두에 두면서 가격을 낮게 매긴다. 그런 것도 나름의 노력이겠지만 이런 틀 안에서는 흥미로운 체험을 할수 있는 여행 상품을 내놓기가 쉽지 않다. 생업은 이런 지점을 파고든다.

내가 좋아하는 곳, 인연이 있는 곳에 몇 번씩 놀러가서 무엇을 하면 재미있는지 알아본 다음, 그것대로 참가자가 체험할 수 있게 하는 기획을 세우는 것이다. 내가 재미있어 하고 사람들이 좋아할 만한 일들은 분명 많이 있을 것이다. 그 일들을 가지고 미리 일정을 짜두면 안심이 되겠지만, 구태여 그렇게 하지는 않는다. 재미있는 활동을 많이 준비한 다음, 현지에서 분위기를 보아가며 마치 카드를 내놓듯이 하고 싶은 것들을 같이 정하면 된다. 참가자들이 피곤해한다면 '기분 좋은 낮잠'이라는 카드를 쓸 수도 있다.

이렇게 아주 작은 규모의 투어는 횟수도 늘릴 수 없고 기존 회사의 입장에서 보자면 매출에도 전혀 도움이 되지 않는다. 하지만 생업이기 때문에 가능하다. 게다가 재미있다. 홀로 떠나는 여행 같은 홀가분함과 여럿이서 느낄 수 있는 즐거움을 현장에서 공유한다는, 좀처럼 맛보기 힘든 상황을 만들어낼 수 있기 때문이다. 또한 현지에 아는 사람이 있어서 할 수 있는 일이다.

단, 재미있다고 해도 전업으로 하지는 않는다. 뭐가 되었든 한 가지 일을 하면서 먹고살아야만 한 사람 몫을 하는 거라는 현대 사회의 상식에 사로잡히면 재미가 없어진다. 아무리 좋아도 매달 한 번씩 일 때문에 몽골에 가야 한다면 질리지 않을까.

생업은 생활과 일체화되어 있기 때문에 생활비를 많이 줄일 수 있어서 좋다. 생활의 기본인 '집'을 예로 들어보자. 집은 살아가는 데 꼭 필요하지만 오늘날 주택의 평균 가격은 3,000만 엔이 넘는다. 도쿄 도심에서 혼자 방 한 칸을 빌리면 매달 8만 엔 정도가 든다. 이것은 직장을 잃었다 해도 절대 줄일 수 없는 비용이므로 어쩌다가 반 년 이상 일을 못 하게 되면 48만 엔이 그냥 사라진다. 일 년을 쉰다면 임대료만 96만 엔이 든다. 일 년 이상 미래에 대해 생각하며 좀 느긋하게 지내고 싶다면, 적어도 100만 엔 이상 저축이 있어야 한다. 상황이 이러하니 마음먹은 대로 행동하기가 쉽지 않다. 생업으로 생활하고자 해도 이 지출은 무시할 수 없다.

집은 원래 이렇게 비쌌을까.

그렇지 않다. 오늘날 집 건축은 전문가들이 독점하고 있어서 아마추어가 파고들 여지가 없어 보이지만, 예로부터 누구나 자기 힘으로 집을 지을 수 있었다. 역사가인 아미노 요시히코(網野善彦)의 연구에 따르면, 중세 일본에서는 농민들이 집 짓는 노역을 했다는 기록이 있다고 한다. 곧 일반 백성들에게도 그럭저럭 집을 지을 수 있는 기술이 있었다. 그만큼 자기 힘으로 생활을 해나가는 기술은 특수한 능력도 아니었고 대개의 사람들이 갖고 있었다.

3,000만 엔이 넘는 집을 자기 힘으로 지을 수 있느냐 없느냐의 차이는 매우 크다. 집을 짓는 정도까지는 아니더라도 낡은 마루를 산뜻한 원목으로 다시 깔 수 있기만 해도 꽤 차이가 난다. 집과 관련된 생업을 만든다면 적은 비용으로 집을 얻을 수 있다. 이것만으로도 큰 힘이 된다.

생업식 사고의 핵심 가운데 하나는 돈을 벌지 않으면 안 되는 외부 환경에 휘둘리기보다 스스로 생활해갈 수 있는 능력을 연마하고, 그것을 자기가 해나갈 수 있는 작은 일로 만드는 것이 보다 믿을 만한 방법이라는 것이다.

덧붙이자면 자기 힘으로 집을 짓거나 고치는 문화는 세계적으로도 드물지 않다. 내가 확인한 것만 해도 몽골, 덴마크, 인도네시아, 오키나와 일부 지역에서는 일층집은 스스로 짓는 경우가 많았다.

이런 이야기를 듣는다 해도 '집은 그리 간단히 지을 수도 없고, 회사에 다니지 않는 사람이라면 작심하고 벤처기업을 창업하거나 확실한 관련 자격증을 따는 정도에서 그치지 않을까'라고 생각하는 사람도 많을 것이다. 그러나 백 가지 일을 한다는 의미의 백성(百姓: 일본의 '백성'은 한국과 달리 농민을 지칭한다―옮긴이)이라는 말이 있듯이

작고 소박한 나만의 생업 만들기

원래 대다수의 일본인은 한 가지 일만 하지 않고 여러 가지 일을 갖고 있었다. 마을에서는 농사는 물론이고 축벽을 쌓는 사람, 염색업자, 목수, 도공, 대장장이 등 각자 본업으로 삼는 일이 있는 한편, 봄에만 양봉을 하고, 겨울에는 볏짚으로 물건을 만들고, 술을 만들러 양조장에 나가기도 하는 등 한 사람이 몇 개의 일을 갖는 것이 당연했다. 호류지(法隆寺 : 일본의 나라 현에 있는 절. 7세기에 지어졌으며 일본에서 가장 오래된 목조 건축물이다—옮긴이) 재건으로 유명한 니시오카 쓰네카즈(西岡常一)처럼, 궁궐이나 절을 짓거나 수리하는 목수도 일이 없을 때는 농사를 지으며 살았다고 한다.

'나는 별 능력이 없어서 한 가지 일밖에 못 한다'라는 이야기를 하는 사람들이 종종 있다. 하지만 이건 능력이 있고 없고의 문제가 아니다. 옛날 사람들의 생활을 살펴보면 한 가지 일만 하며 살아가는 사람은 매우 드물었다. 곧, 익숙해지느냐 그렇지 않느냐의 문제라는 말이다.

일본의 노동방식과 생활방식은 원래 이런 식으로 여러 가지 일을 조합하면서 영위되어왔다. 그러던 것이 불과 50여 년 전, 1954년에 시작된 고도 경제 성장기에 갑자기 사라졌다. 작은 생업을 가지기보다 모두가 큰 비즈니스를 하려고 하면서 일본 전체가 나서서 키운 몇몇 업종인 자동차, 전기 등의 제조업으로 승부하는 '주식회사 일본'이 설립되었다. 내가 태어났을 무렵(1979년)에는 일하는 사람 대부분이 회사원이었으니까 불과 30년 사이에 기존의 노동방식과 생활방식이 급격히 바뀐 것이다.

'반도체 산업'도 한때 대단한 업종 가운데 하나였다. 하지만 지금은 반도체 제조회사도 종종 파산한다. 다종다양한 작은 생업을 버리고 거대화된 몇몇 업종이 시대의 변화에 뒤처진 탓이기도 하고, 업종은 소수더라도 거기에 연관된 사람이 너무 많아서 변화에 대응을 못한 때문이기도 하다.

「들어가며」에서도 한 이야기이지만 다이쇼 시대의 조사에 따르면, 당시의 직업은 약 3만 5,000종이었는데 오늘날 「일본표준직업분류」를 보면 불과 2,167종의 직업만이 존재하니까 얼마나 다양한 종류의 직업이 사라지고 축소되었는가를 알 수 있다. 이렇게 변화하면서 성공한 부분도 많겠지만, 갑작스레 다양성이 사라지면 모순도 커지게 마련이다.

과로사, 비정규직 해고, 니트 문제 등 오늘날 일본의 노동방식과 생활방식에는 모순이 두드러지게 나타나고 있다. '일하는 법'에 대한 책이 속속 나오고 화려한 직업을 다루는 텔레비전 프로그램이 인기를 얻고 있지만, 이는 뒤집어 이야기하면 기존의 노동방식과 생활방식이 한계에 다다랐음을 말하기도 한다. 이런 한계는 일의 다양성이 줄어들어 생긴 문제 가운데 하나가 아닐까.

자연계에는 다양한 생물이 존재하기 때문에 변화에 대응 가능한 안정된 생태계가 이루어진다. 하지만 한 종의 생물밖에 없는 환경에서는 전염병이 돌면 순식간에 떼죽음을 당한다. 조류 독감이나 구제역도 같은 경우라고 할 수 있다. 일도 마찬가지다. 일의 다양성이 급격히 사라진 결과, 모순이 커진 것이다.

경기가 과열되었던 시기에는 그러한 모순도 감춰질 만큼 다들 돈을 잘 벌었고 풍요로웠다. 하지만 오늘날과 같은 평상시로 되돌아오자 모순이 전면에 드러나기 시작했다. 역사적으로 보면, 대부분의 사람이 조직에 소속되어 한 가지 일만을 하는 생활양식이야말로 오히려 특수하다고 할 수 있다. 전업주부도 '주식회사 일본'이 가능했던 고도 경제 성장기에 때마침 출현 가능했던 신분이다. 누구나 가사를 하면서 생산활동에도 참가해온 역사 쪽이 비교할 수 없을 만큼 길다. 니트다 프리터다 하면서 문제시하고 있지만, 그런 문제가 생기는 건 요즘 젊은이들이 못나서가 아니다. 오히려 변해버린 요즘 사회에 적응할 수 있는 사람이 운이 좋은 것이다.

'생업을 만든다'는 것은 이러한 역사를 참조하여 인류의 성격에 어울리는 건강한 일을 재구축하려는 시도이기도 하다. 흥미롭게도 최근 몇 년 동안 개인이 작은 사업을 할 수 있도록 도와주는 인프라가 웹서비스 분야를 중심으로 형성되고 있다. '에어비엔비'(Airbnb: 자기 집이나 별장, 빈방을 임대할 수 있게 해주는 사이트)나 '엣시'(Etsy: 손으로 직접 만든 물건을 전 세계에 판매할 수 있는 사이트)처럼 개인이 적은 자본을 가지고 자신의 생업을 만들 수 있게 해주는 플랫폼이 정착되어가고 있다.

잘 알려지지는 않았지만 실제로 이미 생업을 실천하는 사람들이 있다. 어떤 사람은 맨몸으로 시골의 어느 마을에 가서 자신이 할 수 있는 일 목록을 쓰고 거기에 일러스트를 그린 전단을 배포했다. 그렇게 하여 최소한의 수입을 확보하고 일의 가짓수를 늘려갔다. 또 디자이너로 일하면서 일러스트도 그리고, 일주일에 하루는 바에서 일하는 식으로 다양한 기술을 조합하여 주변에 도움이 되는 일을 하면서 도시에서 생계를 꾸려가는 사람도 있다. 생업의 개척자라 할 만한 사람들이다. 이들도 자기 나름의 방법과 기술이 있겠지만 천부적인 재능이 있어서 하는 것은 아니다. 미디어에 별로 소개되지도 않고 잘 알려지지도 않았지만 알게 모르게 이런 사람이 많다. 곧, 불황이다 뭐다 하며 사회가 들썩거리는 동안 기존의 비즈니스와는 다른 생업의 세계가 펼쳐지고 있었던 것이다.

어쨌든 회사에 열심히 다니기만 하면 생활도 보장되고 연봉 500만 엔 이상을 벌 수 있는 시대다. 그러니 즐겁고 건강해질 수 있고 장점이 넘쳐난다 해도 한 달에 수만 엔 정도밖에 벌지 못하는 일에 흥미를 갖는 사람은 별로 없을 테다. 그런데 거꾸로 이야기하면 아직 개척되지 않은 광대한 영역이 펼쳐져 있는 상황이라고 볼 수도 있다.

작고 소박한 나만의 생업 만들기

곧 비즈니스 세계에서는 세계화 때문에 극심한 경쟁이 펼쳐지고 있는 반면, 생업을 만들기에는 좋은 기회라는 말이다.

이런 상황에서 회사 근무가 맞지 않는 사람들에게 기업에 취직하기 위한 직업훈련만 시키는 것은 별 의미가 없다. 오히려 다양한 일을 조합하여 자기 생활에 맞는 생활방식을 디자인할 수 있게끔 하는 환경을 만들어야 한다.

백여 년 전에 존재했던 일들을 그대로 부활시킬 수 있을지도 모르고, 여태 없었던 새로운 생업을 만들 수도 있다. 하지만 무슨 생업이든 특별한 재능이나 돈이 많이 드는 준비 없이도 시작할 수 있어야 하고, 하면 할수록 기술이 연마되고 머리와 몸이 단련되어야 한다. 돈을 벌기 위해 지나친 스트레스를 받고, 그 스트레스를 해소하기 위해 돈을 쓰는 상황은 아무리 생각해도 이상하지 않은가.

일은 본래 자기가 만드는 것이었다

'새로운 가치를 제공하지 못한다면 창업의 의미가 없다'는 식의 이야기를 종종 듣는다. 이런 이야기는 창업 붐에 찬물을 끼얹었다. 창업에 무언가 높은 기준이 있다는 인식을 만들고 큰 부담을 갖게 하기 때문이다.

하지만 일의 기원을 생각해보자. 각자 해야 한다면 귀찮지만 누군가 해주니까 다행이다 싶은 일들이 있다. '일'이라는 것은 그런 것들을 할 마음이 있는 사람이 담당해온 것이다. 예를 들어, 매일 각자 두부를 만들어야 한다면 큰일이다. 누군가 손을 들고 두부를 만들었기 때문에 그것이 일이 된 셈이다.

일은 누군가에게 도움이 되기도 하고 즐겁게 할 수 있기 때문에 일이 된다. 이건 회사원이든 자영업자든 프리랜서든 다 마찬가지다. 회사는 조직 전체의 의사와 책임을 통해 세상에 도움이 되는 가치를 제공한다. 책임이 조직에 있느냐 자신에게 있느냐가 다를 뿐이다.

그러므로 이미 많은 사람이 무언가 가치를 생산하면서 살고 있다. 자기 뜻을 가지고 자기가 책임지고 일을 하면서 시행착오를 거쳐 일을 변화시켜간다면, 저절로 새로운 가치가 생겨날 것이다. 투자를 받아 도전하는 사람부터 적은 밑천을 가지고 좀더 수고를 들이는 식으로 위험 부담을 줄인 상태에서 시작할 수 있는 생업까지, 다양한 창업 방식이 있을 수 있다.

창업은 자신의 의욕과 상황을 점검하면서 시기를 정하면 된다. 주식회사를 만드는 것만이 창업은 아니다. 무언가 스스로 일을 만들면 그것이 이미 창업이라고 할 수 있다. 뻥튀기를 팔아 돈을 버는 것도 어엿한 창업이다. 창업에는 큰 준비를 하고 인생을 거는 식의 선택지만 있지는 않다. 그런데도 지방에서는 기업을 유치하여 고용을 창출하는 식으로 쉽게 외부에 의지하는 경우가 많다. 성공했다 하더라도 유치한 기업이 다른 곳으로 이전할 수도 있고, 실적이 나쁘면 규모가 축소되거나 쇠락하는 경우도 드물지 않다. 고용에만 의지하면 예기치 못한 일이 생겼을 때 자신의 생활 기반이 위태로워질 수 있다. 게다가 스스로 일을 자급하는 능력이 둔해지는 단점도 있다.

현대 사회를 살펴보면 생업이 될 만한 거리는 무한하다. 왜냐하면 세상이 모순투성이이기 때문이다. 무언가 모순이 있는 한 그것을 해결하려는 시도가 일이 된다. 모순의 종류도 늘고 있고, 언뜻 사업이나 서비스에 문제가 없어 보이지만 지나친 노동강도 탓에 건강을 해치거나, 인간의 한계를 넘어선 실적을 올려야만 하는 경우도 많다. 예를 들면, 예전에는 주점 체인점들이 싼 가격에 질이 낮은 음식들을 내놓았지만, 요즘은 꽤 괜찮은 식재료를 쓰고 맛도 그럭저럭 좋으면서 가격도 비싸지 않다. 손님 입장에서는 전부 좋아진 듯이 보이지만, 실제로는 인간의 한계에 도전하는 노동환경에서 일하는 사람들이 있는 것이다. 앞으로는 뛰어난 서비스를 창출하는 데만 주목하지 말고, 서비스를 제공하는 이들이 건강하게 일을 계속할 수 있는 시스템을 고민하는 것도 중요하다.

사람을 지나치게 혹사시키는 기업과 전투적이지 못한 사람이 같은 업종에서 맞붙으면 지는 쪽은 당연히 후자다. 그러므로 나름 버틸 수 있는 방법을 찾아야 하며, 그렇게까지 고생해서 돈을 벌지 않고도 계속해나갈 수 있는 환경을 마련해놓는 것이 중요하다. 그 한 가지는 서비스를 받는 사람이 약간 협력해주도록 만드는 방법이다. 그것만으로도 일하기 쉬운 환경을 만들 수 있는 여지가 극적으로 커진다. 앞서 이야기했던 '몽골 진짜배기 생활체험 투어'도 돈만 내면 누구나 참여할 수 있지는 않고, '진짜 몽골 생활'에 잘 맞을 만한 사람만을 모집한다는 조건을 내세웠다. 그런 사람들을 대상으로 삼았기에 불특정 다수를 대상으로 하는 여행에서는 실현하기 힘든 알찬 내용을 기획할 수 있었다. 예기치 못한 상황을 환영하는 여행 본래의 묘미를 살리려면 참가자의 협력이 반드시 필요하다. 이 투어에서는 참가자들의 특기를 살려 게르(몽골의 이동식 주거)에서 차를 마시는 모임을 하는 등 그때그때 다른 여행을 하고 있다. 큰 돈벌이가 되지는 않지만 해볼 만한 일들은 얼마든지 존재한다.

예식장을 운영하는 기업도 임대료가 높은 식장의 회전율을 높이려면 실수 없이 예식을 진행하는 것이 중요하다. 그래서 고객의 불만이 생기지 않게끔 빈틈없는 서비스 체제를 갖추고 있지만, 이 때문에 예식이 형식적이 되기 쉽다. 이것은 사업의 규모를 확장하려면 필요한 일이기도 하다. 어쨌든 기업은 직원에게 월급을 줘야 하고, 사무실 임대료도 내야 하며, 주주에게 배당을 해야만 하니까.

하지만 어디까지나 생업의 하나로서 일 년에 두세 번만 예식 사업을 한다고 하면 결혼식 시간을 여유롭게 짤 수 있고, 신랑 신부 측이 약간의 위험 부담을 감수한다는 조건을 받아들인다면 결혼식 내용에도 훨씬 공을 들일 수 있다. 예를 들어, 전문 사회자를 부르지 않고 신랑 신부의 친구나 지인 가운데 재미있게 사회를 볼 수 있는 사람을 찾는 것만으로도 예식의 의미가 좀더 깊어질 수 있다. 물론 사회자가 아마추어이므로 어느 정도의 실수는 눈감아주는 여유가 필요하다. 하지만 가까운 이의 결혼을 축하한다는 예식의 원래 취지에 이쪽이 더 가깝다.

이런 예는 얼마든지 있다. 그러니 하나씩 변형해가면서 새로운 생업을 만들 수 있을 것이다. 생업 만들기는 또 다른 문화를 만드는 일이라고도 볼 수 있다.

유행과 경쟁은 피하고, 기계가 도맡는 일도 하지 않는다

일은 사람이 하기도 하지만 요즘에는 기계가 도맡기도 한다. 생업은 기계가 도맡는 일에는 손대지 않는다. 유행하는 일도 하지 않는다. 경쟁이 극심한 일도 거의 하지 않는다. 하지만 경쟁이 심하기 때문에 부조리가 생겨나는 경우도 많다. 그런 것을 찾아 부조리가 없는 생업을 만들어 공격 지점으로 삼는다. 이것도 생업의 기본 방식 가운데 하나다. 어쨌든 전업으로 하지 않으니 무리하게 큰 규모로 벌이지 않아도 괜찮다. 부조리가 생기지 않는 규모와 속도로 일을 제공하는 것. 이는 생업을 만드는 중요한 요소다.

다시 한 번 빵가게를 예로 들어 일이란 무엇인가에 대하여 생각해 보자. 빵 굽기는 장인만 할 수 있을 듯하지만 사실 밥을 짓는 것처럼 사람의 생활에 필요한 기초적인 기술이다. 집짓기도 마찬가지다. 집을 짓지 못하면 살아갈 수 없었기 때문에 집짓기 역시 원래는 기초적인 기술이었을 것이다. 이러한 기술은 조금만 시간을 들이면 누구나 익힐 수 있다.

물론 오랜 훈련을 거친 전문가만이 갖추는 기술도 있다. 옻칠을 한 조개껍데기의 바탕 위에 금이나 은가루를 뿌려 그림을 그리는 마키에(蒔絵) 같은 것은 장기간 훈련을 받은 사람만이 익힐 수 있는 기술이며 특수한 능력이다.

오늘날 손으로 하는 일들은 생활에서 멀어졌고 분업화도 너무 지나치다. 매스미디어에서 이런 기술을 다룰 때에는 명인만이 나온다. 그렇게 어렵지 않은 기술인데도 반드시 "30년 외길" 운운한다. 방송에서는 시청자가 놀라워할 만한 것을 보여주어야 하므로 어쩔 수 없겠지만, 요즘 와서는 빵을 굽는 기술이든 마키에 기술이든 전부 장인만 할 수 있는 것처럼 다룬다. 그런 프로그램을 보다 보면 직접 해

작고 소박한 나만의 생업 만들기

보면 나름대로 할 수 있고 서서히 솜씨가 나아지는 기술일지라도 나와는 딴 세계의 일인 것처럼 생각하게 된다. 이것도 무시할 수 없는 현대 사회의 덫 같다.

그래서 대개의 사람들이 몇 가지 요령만 익히고 훈련을 하면 문제없이 해낼 수 있는 일조차 '나와는 맞지 않아'라며 지레 포기하고 마는 경우가 늘고 있다. 이것은 생업을 처음 시작할 때 가장 먼저 버려야 할 사고방식이다. 일의 난이도와 성격에 관해 자기 나름의 눈을 갖고 해상도를 높여가며 바라볼 필요가 있다.

요령을 익히고 훈련을 하면 사람은 대부분의 일을 해낼 수 있다. 이것을 꼭 기억해두자. 전문가라는 기득권자 앞에서 기가 죽어서는 안 된다.

특히 일본에서 집을 짓는 기술은 문제가 심각하다. 무슨 이유에서인지 건설 분야가 거대 산업이 되었기 때문에 집을 지으려면 돈도 매우 많이 들뿐더러 아마추어는 엄두를 낼 수 없게 되어버렸다. 그러나 앞에서도 이야기했지만 해외로 눈을 돌리면 자기 집은 스스로 짓는 것이 일반적인 지역이 많다. 몽골, 덴마크, 인도네시아, 오키나와 일부 지역은 면적으로 보면 자기가 직접 집을 짓는 이들이 다수파일지도 모른다. 누구나 자신의 거처를 직접 만들 수 있다. 이 사실은 중요하기 때문에 몇 번이고 강조하고 싶다.

생업은 그렇게 어렵지 않다. 왜냐하면 먼저 자신의 생활을 충실하게 하는 데서 시작하며, 사람이라면 누구나 할 수 있는 기초적인 기술이 그 대상이니까.

내가 하고 있는 생업의 하나로 나무로 지은 학교 건물에서 결혼식을 기획, 운영하는 '목조 교사(校舍) 웨딩'이라는 것이 있다. 결혼식이나 피로연은 원래 마을 사람 모두 일손을 모으고 넓은 장소를 빌려 벌이는 잔치였다. 그러므로 누구나 준비할 수 있었다. 지금의 결혼식은 이러이러해야 한다는 편견 때문에 무리하게 식장을 빌리는 등 전문가만이 할 수 있는 것처럼 생각되고 있다. 전문가가 맡아서 즐거운 결혼식이 된다면 모르겠지만, 안타깝게도 그렇지 않다. 왜 그럴까? 이 이야기는 제3장에서 다시 하겠다.

세계화 시대에 필요한 '작전'

지금까지 개인 차원에서 세계를 보아왔는데 한편으로 세계적 차원에서는 세계화가 진행되고 있다. 번역을 예로 들자면, 결과물이 만족스럽다면 번역을 의뢰하는 쪽에서는 번역자가 인도 사람이든 일본 사람이든 상관없다. 이렇듯 몇몇 분야에서는 갑자기 세계 대회에 나가야만 하는 상황이 벌어지고 있다. 이건 분명한 사실이다.

한편으로는 국내 시장이 축소되고 있으니 앞으로 영어 실력을 갖추어 세계로 진출해야 한다는 목소리가 요란하다. 하지만 그런 동기에서 어학 공부를 한다 해도 별로 효과적이지 않고, 지루하고 힘들기만 할 것이다. 보다 단순하게, 흥미로운 일을 하고 있는 사람과 이야기를 하고 싶다는 소박한 동기에서 공부를 시작하는 편이 실력을 늘리는 데 도움이 되지 않을까.

여기에서도 시작 지점을 생업식으로 생각해보고 싶다. 영어를 몸에 익혔다 해도 비전투적인 사람은 웬만해서는 전투적인 사람을 당해낼 수 없다. 전투적이지 못한 사람은 어떻게든 정면에서 맞붙지 않으면서 그럭저럭 돈을 벌고 건강한 생활을 해나갈 수 있는 구체적인 작전을 생각할 필요가 있다.

그렇게 생각해보면 일과 삶의 조화(work-life balance)라는 말은, 앞으로 경쟁이 더 극심해질 테니 일은 건강과 인생을 희생해도 어쩔 수 없는 것이라는 사회의 분위기를 반영하고 있다. 하지만 일과 삶을 분리하여 일을 인생에서 짊어져야 하는 짐으로 보는 사고방식은 정말 옳을까.

나는 회사에 다닐 때 일은 일대로, 생활은 생활대로 각각 별다른 세계라는 느낌이 커서 인생을 전체적으로 바라보기가 힘들었다. 생활과 일이 분리되어 있었다고나 할까. 그랬던 탓인지 당시에 대한 기억이 거의 없다. 물론 회사에서 쌓은 경험은 큰 도움이 되었지만, '기억이 없다'라는 것은 당시에 빈약한 삶을 살고 있었다는 이야기이기도 하다.

　살기 위해서 삶을 빈약하게 만들 필요는 없다. 하지만 무언가 보다 나은 방법을 궁리할 필요는 있다. 이를 위한 작전은 많지만, 그중 하나가 생업이다.

고객으로부터 일을 받는 것의 한계— 프리랜서가 곧 생업은 아니다

　나는 예전에 자유기고가로 일한 적이 있다. 자유기고가라고 하면 잘 모르는 사람도 있을 텐데, 잡지나 웹사이트에 실릴 기사를 의뢰받아서 취재를 하거나 글을 쓰면서 돈을 받는 직업이다. 당연한 이야기이지만 의뢰인이 없으면 일을 할 수 없다. 한때 폭발적으로 늘어났던 잡지 수가 감소하면서 먹고살기 힘들어진 자유기고가도 많다고 하는데, 나 역시 자유기고가로서 전혀 먹고살 수 없었다(사실 부모님이 보내준 쌀 덕분에 먹는 것은 궁하지 않았지만).

　특히 요즘에는 웹사이트에 기사를 쓰게 되면서 원고료가 매우 낮아지고 있다. 취재를 해서 기사를 썼지만 원고료를 몇천 엔밖에 받지 못했을 때, 이 일만으로는 먹고살기 힘들겠다 싶은 암울한 기분이 들었던 생각이 난다. 역시 자유기고가의 현실은 냉혹한가 싶다가도 별로 좋지도 않은 글이 잡지 기사라고 나오는 경우도 많이 본다. 생활할 수 있을 정도로 높은 원고료를 주는 곳과 일하려면 부지런히 인맥을 쌓아서 계속 일을 받을 준비를 해야 하는데, 소극적인 데다 낯가림도 심한 나는 전혀 그렇게 하지 못했다.

특히 우하향 곡선을 그리며 쇠퇴하고 있는 사회나 업계에서는 이미 자기 자리를 확보한 사람들이 현상 유지를 하려고 단가가 떨어진 만큼 더 많은 일을 하니까, 이제 막 일을 시작한 사람들이 자리를 잡기가 매우 힘들다. 물론 일이 늘어난 사람도 그만큼 잠도 못 자고 일을 해야 하므로 힘들긴 마찬가지일 것이다.

어떻게든 상황에 맞서 싸워서 일을 쟁취할 의욕이 있었더라면 좋았겠지만, 유감스럽게도 나는 거기서 좌절하고 말았다. 심화되는 경쟁에서 살아남는 것은 꽤나 전투적인 사람들이다. 나에게는 무리한 이야기였다(띠도 양띠이고).

게다가 나는 포기가 빠르기 때문에 아르바이트를 하면서 자유기고가로 이름을 알릴 때까지 노력하자, 라는 의욕조차 샘솟지 않았다. 아르바이트를 하면서 꿈을 좇는 작전은 매우 전투적인 사람이 아니면 권하고 싶지 않다. 대개의 꿈은 경쟁이 극심하기 때문에 꿈으로 존재하는 것이다. 아르바이트에 시간과 기력을 빼앗기기 쉬운 상태에서 치열한 경쟁에 임한다면, 이미 지위를 얻은 전투적인 사람들을 이기기란 더 힘들다. 세상은 그런 면에서 보면 실로 냉혹하다.

또 가령 이겼다 하더라도 프리랜서는 대개 고객의 의뢰를 받아 일을 하고 돈을 받는다. 말하자면 일을 한 다음 돈을 받으면 그걸로 끝이다. 매번 독창성이 요구되는 쉽지 않은 일이지만 받을 수 있는 돈은 늘 비슷하다. 그런 일을 계속하려면 전투적인 성격에 체력도 상당하거나 아니면, 밤낮을 가리지 않고 일하면서도 적은 급여를 받는 스태프를 고용할 수 있는 카리스마가 필요하다(건축·디자인 업계에 이런 경우가 많다). 카리스마가 없으면 기력이 금방 소진되고 만다. 그래서 대개 30대 후반에 체력과 기력의 한계를 어떻게 할 것인가, 하는 문제와 맞닥뜨리게 된다.

생업 게릴라 작전은 그러한 세계와는 맞지 않는 비전투적인 사람들에게 적절하다. 나는 글을 쓸 수 있는 능력을 고객을 위해서가 아니라 내 생업을 위해 쓰기로 했다. 그렇게 하면서 일이 전혀 다른 차원으로 바뀌었다.

사회구조와 상황 통찰하기

사람의 손으로 할 수 있는 차원의 생업을 축으로 삼는 생활방식을 디자인하는 데 특별한 재능은 필요하지 않다. 시골 생활을 테마로 삼은 세미나에 가끔 가보면 지방자치단체 공무원이나 귀농지원단체 사람들이 '시골에는 사람을 고용할 만한 일이 많지 않다' '시골 생활에서는 사람을 사귀기가 쉽지 않다' '매달 20만 엔 정도 생활비가 드니까 최소한 300만 엔의 저금이 있어야 한다'라는 등의 겁을 주는 이야기를 한다. 그런데 실제로 도시에서 일하다가 시골로 이주하여 자녀를 기르는 사람들의 이야기를 들어보면, '친절한 사람은 친절하다' '방법을 고민하기만 하면 매달 3만 엔 정도면 생활할 수 있다' '정기적인 고용은 드물지만 일해달라는 부탁은 끊이지 않는다' '과외교사를 할 수 있는 젊은이가 매우 소중하다' '채소와 쌀은 자급하기 어렵지 않다' '생활비가 적게 드니까 여유 있게 사업에 몰두할 수 있다'라는 가르침을 받는다. '사회인이란 조직에 속하는 것' '일은 전업으로 해야만 하는 것'이라는 기존의 사고방식에 사로잡힌 채 시골 생활을 시작한다면, 천만 엔 단위로 돈을 빌려 재배 시스템을 갖추고 몇 년에 걸쳐 갚는 식으로 큰 수고를 들여야 한다. 하지만 일단 한발 물러서서 상황을 살펴보면 그것이 자신에게 필요한 노력인지 불필요한 노력인지 판별할 수 있다. 그 판단에 따라 고생의 차원이 달라진다. 생업이라는 차원에서 추천할 만한 것은 물론 돈을 빌리지 않고 자급할 수 있는 정도의 채소와 곡물을 기르고, 남으면 그것을 파는 작전이다. 이는 별로 어렵지도 않고, 여러 가지 채소를 키우는 방법을 관찰할 수 있어 재미있기도 하다. 매일 같은 작물을 재배하는 데 힘을 쏟는 것도 하나의 방식이긴 하지만, 그러려면 재능과 자금이 필요하다. 만약 부모님 대에 갖춘 설비가 그대로 존재한다면 도전해볼 만하겠지만 그렇지 않다면 신중히 생각해야 한다. 당장 이런저런 '노력'을 하기보다 사회구조와 상황을 통찰하는 편이 대단한 전문성이나 특별한 재능보다 훨씬 중요하다.

농사 하나만을 보더라도 '농사는 매우 어렵고 힘들다'는 세상의 상식을 하나하나 구체적으로 뜯어보면, '자급하는 정도라면 그렇게 어렵지 않다' '방법을 찾으면 전업으로 할 수도 있다' '단순히 농협에 출하하는 정도로는 힘들다' 등 개별적인 상황이 눈에 들어온다. 자신이 그 가운데 어떠한 방향을 목표로 삼느냐에 따라서 앞으로 해야 할 일이 크게 달라진다. 자금을 조달해서 대규모로 농사를 짓는 것도 좋고, 자급할 정도로만 우선 시작한 후 필요에 따라 직접 유통하는 형태로 해도 좋다. 이건 각자의 판단에 따르면 된다.

미국 서부 해안 지역에는 CSA(Community Supported Agriculture)라는 것이 있다고 한다. 예약을 하게 해서 돈을 먼저 받는 식으로 채소를 판매하는 방식이다. '농사는 내 사업'이라는 의식에서 '시민을 위한 농원 관리인으로 일한다'라고 발상을 전환하여, 먹고 싶은 채소가 무엇인지 먼저 의견을 물어 예약을 받은 다음, 씨앗 뿌리기와 수확 등 일시적으로 손이 많이 가는 작업에만 시민들이 참여하는 형태로 농사를 할 수도 있는 것이다. 기존의 시스템을 벗어나면 수고의 차원이 달라질 가능성이 존재한다.

지출을 줄이면 수입은 저절로 두 배

앞서 이야기한 것처럼 생업은 몸으로 움직일 수 있는 범위에서만 돈을 벌 수 있다. 나는 약 일 년 동안 창업인 양성소에 다녔는데 그때 만난 스승인 후지무라 야스유키 씨는 『3만 엔 비즈니스, 적게 일하고 더 행복하기(月3万円ビジネス)』라는 책에서 "한 달에 3만 엔을 벌 수 있는 일을 열 개 만들자"라는 이야기를 하고 있다. 이것은 생업과 가까운 발상으로서 이 이야기대로 하면 일 년에 360만 엔의 수입이 예상된다. 생업 역시 대개 이 정도의 수입을 목표치로 삼을 수 있다. 단, 생업에는 딱히 정해진 금액이 없다. 대개 한 번에 벌 수 있는 돈이 1만 5,000엔~50만 엔 정도인 일들에 초점을 맞추어 각자 여러 가지 일을 조합하면 된다. 매달, 혹은 일 년에 몇 번밖에 할 수 없는 일까지 다양하다.

그런데 과연 이것만으로 충분할까? '겨우 360만 엔 정도로 노후까지 괜찮을까?'라는 생각도 들 테다. 생업은 앞에서 이야기했듯이 생활을 자기 스스로의 힘이나 개인적인 네트워크를 통해 꾸려가는 것이 출발점이고, 일하면서 생활의 자급도가 높아지는 것을 전제로 한다. 따라서 수입도 늘면서 동시에 지출을 줄여가는, 곧 수입이 두 배로 늘어나는 상태가 된다(곧이곧대로 수입이 두 배가 되는 것과는 조금 다른 의미이지만).

너구리 굴 보고 피물(皮物) 돈 내어 쓴다(일이 되기도 전에 거기서 나올 이익부터 생각하여 돈을 앞당겨 씀을 비유적으로 이르는 말—옮긴이)는 격이 긴 하지만 단순하게 계산하자면, 나는 생업의 경우 현금으로 들어오는 360만 엔의 두 배, 곧 720만 엔의 수입이 있는 듯한 생활을 실현할 수 있다고 본다. 30평짜리 집을 그냥 산다면 2,500만 엔을 지출해야 할 테다. 하지만 자기가 스스로 집을 짓는다면 총 공사비의 20퍼센트가량을 차지하는 자재비 500만 엔 정도로 가능하니 2,000만 엔을 버는 셈이다. 이 금액은 월급쟁이의 평균 연봉을 400만 엔으로 잡았을 때 5년치 연봉에 해당한다. 전문가가 아니므로 물론 시간은 그만큼 더 들겠지만, 그래도 집을 짓는 데 5년씩 걸리지는 않을 것이다. 다른 일은 전혀 하지 않고 느긋하게 4년 동안 집을 짓는다고 해도 일 년이 남는다. 다른 생업을 하는 중간중간에 놀이를 하는 기분으로 집을 완성시킨다면 2,000만 엔을 고스란히 번다고 해도 과언이 아니다. 건축사가 후지모리 데라노부(藤森照信)의 말대로, 건축은 아마추어도 참여할 수 있는 즐거운 일이므로 땀을 흘리는 오락이 될 수 있다. 놀이도 만들면서 지출도 줄이고 생활에 필요한 도구를 얻을 수 있으니, 이것은 막강한 생업이다.

덧붙이자면 집을 지을 때는 한 사람보다 두 사람이 같이하면 능률이 배 이상으로 오르므로 1 더하기 1은 2가 아니라 3, 혹은 4도 될 수 있다. 두 사람 가운데 한 사람이 전혀 경험이 없다 해도 그렇다. 혼자

작고 소박한 나만의 생업 만들기

서 하면 도구를 가지러 왔다 갔다 해야 하고 목재를 자를 때도 움직이지 않도록 잡아주는 사람이 없으므로 시간이 더 든다.

사람은 혼자서는 살 수 없다는 것은 생업에서 얻을 수 있는 교훈이기도 하다.

생활의 변화는 천천히 그리고 유연하게

과연 어떤 일이 생업이 될 수 있을까? 이것이 문제다. 생업이란 무엇인가, 라는 질문에는 여러 가지 대답이 있을 수 있지만, 엄격한 정의는 없다. 생업은 브랜드 등으로 대표되는 콘셉트 주도형의 사업이 아니다. 물론 손님이 서비스에 의존하지 않는다거나 돈을 버는 것보다 일의 내용을 최우선으로 한다는 대략적인 방향은 존재하긴 하지만 말이다.

굳이 말하자면 생업은 '유연한 콘셉트'이다. 회사에서 이런 콘셉트를 내세운다면 '꼼꼼하지 못하다'든가 '구체성이 부족하다'는 질책을 들을지도 모른다. 하지만 딱딱한 콘셉트로는 극복할 수 없는 상황은 유연한 콘셉트로 극복하는 것이 중요하다고도 생각한다.

요즘 유행하고 있는 퍼스널 브랜딩이라는 키워드는 브랜딩(이라는 게 도대체 무엇일까?)을 개인에게도 적용하는 것이다. 프로필 사진을 포함하여 자신의 특징을 인위적으로 만들고, 알기 쉬운 형태로 다듬어 널리 전달하자는 것이다. 이 수법은 지나칠 경우, 인간이라는 변화가 많고 다양한 요소의 집합체를 단순하게 캐릭터화하기 때문에 유통기한이 생긴다는 약점이 있다. 알기 쉬운 것은 질리기도 쉽다. 곧 시시해진다는 뜻이다.

사진가를 예로 들면, 일찍 자기 스타일을 확립한 사람이 잇달아 강한 원색의 사진만 찍는다든가 콩트풍의 사진만 내놓는 것과 유사하다. 고정적인 팬들에게 지지를 받고 경제적으로도 넉넉해질지는 모르겠지만 재미가 없다. 그러다가 변화를 주지 못하면 한계에 부딪힌다. 젊을 때 잘나가는 작가가 되어야겠다는 데 초점을 맞춘다면 그것은 그것대로 유효한 수단이겠지만, 긴 인생을 어떻게 보낼 것인가 하는 관점에서 바라본다면 지칠지도 모른다. 그럼에도 성공하고 싶다고 생각하는 까닭은 젊기도 하고 누구라도 (나 역시도) 그러한 마음을 갖고 있으므로 어쩔 수 없는 측면이 있긴 하다.

생업은 그러한 콘셉트가 앞서는 서양적 발상과는 정반대다. 콘셉트가 주도하는 것이 아니라 개별 사례의 집합체가 생업이 어떤 것인가를 떠올리게끔 만든다. 이런 것이 생업이구나 싶은 경험을 쌓는 사이에 생업적인 발상이 서서히 몸에 배어든다. 생업 10개조(이에 대해서는 72쪽 이하를 봐주기 바란다)와 같은 것을 따르면서 매일매일 살아가는 가운데 조금씩 감각이 생겨난다는 이야기다. 그러므로 매일 시간을 들여 해나가면 누구라도 몸에 익힐 수 있다. 거꾸로 생업적 감각은 생활을 바꾸어나가는 것이므로 천천히 단련할 수밖에 없다.

오늘날과 같은 속도전 시대에 지나치게 태평하지 않나 싶기도 하다. '사흘 만에 인생이 바뀌었다!'라며 감격해 하는 자기계발 세미나도 일종의 예능처럼 생각한다면 괜찮다. 하지만 지치기 쉽다. 결국 생활을 변화시킬 만한 힘을 얻기를 기대할 수 없는 것도 사실이다.

장기적인 관점에서 보면 내게는 생업의 방식이 알맞다고 생각한다. 그래서 '생업 만들기' 워크숍도 종종 하고 있지만, 즉각적인 감동을 주지는 않기 때문에 사람들이 많이 모이지는 않는다. '공지 당일 접수가 마감되는' 인기 강좌는 아닌 셈이다.

생업적 감각을 몸에 익히기 위한 훈련

여기서 생업적 감각이 어떤 것인가를 생각해가면서 몸에 익히기 위한 훈련을 해보자. 일상생활을 하면서 비슷한 경우가 없었는지 떠올리면서 읽어주었으면 좋겠다.

일반적으로는 그럭저럭 사람이 모이기보다 '공지 즉시 접수가 마감되는' 것이 최고라고 여겨진다. 하지만 생업식으로 생각하면 이러한 상태는 오히려 경계해야 한다. 이벤트 공지를 올렸을 때 금방 접수가 마감된다는 것은, 많은 참가자들이 이미 그 강좌나 강사에 대해 어느 정도 알고 있다는 사실을 의미하기 때문이다. 그냥 한 번 응모해봤을 가능성도 있는 것이다. 알고 있으니까 한 번 응모해보자는 마음은 진짜라기보다 오히려 충동에 가깝다. 이런 종류의 이벤트는 아무리 다른 수를 짜내도 각본대로 진행되기 쉽다. 현장을 공유하는 워크숍은 예상치 못한 사태들을 경험하기 위한 것이므로, 미리 짜인 대로 진행되는 것은 생업의 차원에서 보자면 바람직하지 못하다.

또 공지를 올리자마자 접수가 마감된다는 것은 '우연히 알게 되어 수강했다'는 사람이 적다는 것을 의미한다. 사전 지식이 있는 사람이 많이 참여하면 새로운 세계에서, 새로운 만남을 경험할 가능성이 낮아진다. 이것 역시 좋지 않다. 심한 경우, 몇 번이고 수강하는 사람도 있을 것이다. 상업적으로는 반복 수강하는 사람이 많은 편이 낫겠지만, 사람은 원래 자신의 경험을 통해서만 변화할 수 있다. 무언가를 몸에 익히기 위한 세미나나 강연에 반복해서 참여하는 사람이 많다는 것은 탈락자가 나올 가능성이 높다는 뜻이기도 하다. 귀농생활박람회 등에 몇 년씩 참여만 하는 사람도 있는 시대이다. '쇠뿔도 단김에 빼야 한다'라며 등이라도 떠밀고 싶은 심정이다(물론 실행을 하지 못하고 박람회만 반복해서 참여하는 데에는 여러 가지 사정이 있겠지만).

작고 소박한 나만의 생업 만들기

교육 관련 비즈니스에서도 교육을 하는 사람이 돈을 버는 것은 좋지만 배움이 결실을 맺는가가 본래 더 중요하다. 물론 많은 자기계발 세미나가 이미 교육이 아니라 예능화되었기 때문에 연예인의 라이브 쇼를 보러 가는 것과 마찬가지라고 생각하면 이해는 간다.

다만, 주의를 기울여야 할 것은 특히 도시에서는 이벤트나 세미나가 많이 열리기 때문에 그런 데에 너무 많이 참여하다보면 자기 머리로 생각하지 못하게 되는 경우가 많다는 점이다. 건전한 생활을 하는 사람들에게는 충분히 주의를 기울이라고 이야기해두고 싶다.

좀 길어졌지만 위에서 한 이야기는 교육이라는 분야에서 생업이란 무엇인가를 생각해볼 수 있는 한 가지 예이다. 여기서 '생업에서 돈을 버는 것은 최우선으로 여겨야 할 사항이 아닌, 어디까지나 2차적 목적'이라는 점을 알 수 있다. 돈벌이를 가장 중시한다면 교육 분야에서는 자기계발 세미나처럼 소셜 커뮤니케이션을 디자인하고, 철저히 퍼스널 브랜딩을 하여, 열성적인 팬을 늘리고 공지를 띄우자마자 마감이 되는 세미나를 하면 된다(뭔가 뜻 모를 영어만 잔뜩 늘어놓고 말았다).

생업에서 빼놓을 수 없는 요소는 기본적으로 나 자신도 상대방도 자기 머리로 생각하는 힘을 단련하는 것이다. 덧붙이자면, 자기 머리로 생각하려면 유행하는 영어 단어를 연발하기보다 되도록 일상에서 누구나 이해할 수 있는 말을 쓰는 것이 중요하다. 이것도 매일 연습해야 하지만, 뜻 모를 영어를 사용하지만 않아도 생각하는 능력이 향상될 것이다.

역으로 이것을 생업으로 만들면 어떨까. 영어를 남발하면 벌칙을 주는 합숙을 기획해서 돈을 받고 참가자를 모아도 좋다. 이런 걸 돈을 받고 해도 괜찮을까 하고 미리 걱정할 필요는 없다. 기본적으로 신청자는 없다고 생각하는 편이 좋다. 하지만 이런 기획을 필요로 하는 사람이 있을지도 모른다. 조금이라도 사람들의 생활력을 기르는 데 도움이 된다면 그것을 생업으로 삼으면 된다. 손님이 없다면 얼른 그만두라. 해봤더니 안 되더라, 그러고 말면 된다.

오늘날은 얻을 수 있는 사전 정보가 너무 많아서 끝끝내 자기 일을 시작하지 못하는 경우가 많다. 우선 작은 규모라도 좋으니까 무언가를 해봐서 자신의 경험으로 삼는 것이 중요하다. 정보를 아무리 많이 모아도 그것이 옳고 그른지 판단하기 위한 경험이 부족하다면, 모은 정보를 유용하게 활용하기는 힘들다.

생업의 출발점은 나 자신

생업은 인구 전체를 상대로 하지는 않는다는 마음가짐으로 시도해야 한다. 또 '이런 게 세상에 없다니 이상하다' 싶은 것이 생업이 되기도 하는데, 생업에는 그 노하우를 나누는 나눔의 비즈니스 측면도 있다. 그러므로 앞서 이야기한 '뜻 모를 영어를 말하면 벌칙을 주는 합숙'을 시도해보느냐 마느냐는 자기 자신이 참가하고 싶은가, 진짜로 재미있다고 생각하는가, 세상에 도움이 된다고 실감하는가, 하는 점을 기준으로 삼으면 된다. 일반적인 비즈니스의 관점에서 보자면 아마추어처럼 보이겠지만, 생업의 출발점은 나 자신이다. 내가 실감하고 있는 것을 어디까지, 어떤 수준으로 확장할 수 있느냐가 생업의 규모를 결정한다. 그에 따라서 한 달에 1만 엔, 아니면 8만 엔을 버는 일도 될 수 있다. 버는 금액은 경우에 따라 다르다.

실감이라는 측면은 회사에 다니는 경우에도 중요하다. 오늘날의 회사들은 고객과 직접 접촉하는 영업 부문과 고객과 직접 만나지 않지만 제품 생산과 서비스를 담당하는 제작 부문으로 나뉘어 있는 경우가 많다. 제작 부문에서는 노동환경상 고객과 접촉하지 않기 때문에 도대체 무엇을 위해 일을 하는지 알 수 없어 심신이 피폐해지는 경우가 많다. 반면 영업 부문에서는 자기가 직접 만들지 않은 제품을 팔아야 하고 고객의 불만에 대응해야 한다. '내가 만든 것도 아닌데……'라고 생각하면서 술자리에서 푸념을 늘어놓는 사람도 많을 것이다. 여기서도 실감이 결여되기 쉬운 구조가 눈에 들어온다. 조직의 규모가 커지면 커질수록 자연스럽게 생길 수밖에 없는 일이다. 이러한 문제에 잘 대응하는 것이 경영진의 일이겠지만, 좋은 해결책을 제시하는 경우는 좀처럼 없다.

간혹 이런 문제를 해결하기 위해 마치 종교단체 비슷하게 회사를 운영하는 경우가 있는데, 이 방법은 써서는 안 된다. 종교 집단 같은 회사에서는 강렬한 일체감을 갖게 되고 무슨 일에서든 가치를 발견하게 될지 모르지만, 안 맞는 사람에게는 힘들다. 또 그것이 바람직한지도 모르겠다.

일을 할 때 느끼는 실감은 생업의 필수요소 중 하나다. 하지만 오늘날 실감의 결여는 다양한 분야에서 문제를 일으키고 있다. 2005년 JR니시니혼 후쿠치야마 선에서는 내부 규정을 우선시하다가 탈선 사고가 일어나고 말았다(2005년 4월 25일, JR니시니혼 후쿠치야마 선 쓰카구치 역—아마가사키 역 구간에서 전철 1대 중 앞쪽의 5량이 탈선하여 승객과 운전사 포함 107명이 사망하고 562명이 부상을 입은 대형 사고—옮긴이). 이것은 순전히 손님이 아니라 조직의 규칙을 우선시한 결과다. '최선을 다해' 내부 규정을 준수하고자 속도를 높인 결과, 사고가 일어난 것이다.

이 탈선 사고는 근본적으로 일에서 역할이 분리된 각 개인이 무엇을 위해 일하고 있는가를 놓쳐버린 탓에 일어났다. 이것은 오래전에 자본주의를 비판한 마르크스라는 경제학자가 '노동 소외'라고 부른 문제인데, 오늘날에는 책임을 지나치게 세분화하여 일을 쪼갠 결과, 누구도 전체적인 책임을 지기 어렵게 되었다. 몇몇 사람이 이야기하는 것처럼 '노동 소외'가 거꾸로 '노동자'들이 일을 날림으로 하는 변명이 되고 있는 것이다. 아니, 각 개인은 '최선을 다해' 일을 하고 있겠지만, 그러는 가운데 더 문제가 생기는 구조가 형성되었다. 이제는 그저 열심히 일만 하면 쓸데없이 문제가 생기는 시대인 것이다. 이 얼마나 곤란한 일인가.

예를 들면 취업을 하려는 학생들에게 인기가 높은 어느 대기업이 최근 정리해고를 감행했다. 정리해고를 실시한 그해에 그 회사에서 출시한 소위 스마트폰이라는 것을 써본 일이 있는데, 문자 메시지며 전화번호부도 사용하기 어렵게 되어 있었고 금방 고장이 나버렸다. 수리를 맡기려 해도 별 이상이 없다며 펄쩍 뛰는 등 정말이지 총체적 난국 그 자체였다. 대기업이라는 조직에서도 이러한 제품을 세상에 내놓는다. 내가 들은 바로는 직원들조차 아이폰을 애용한다고 한다. 이러니 제품이 팔리지 않는 건 당연하다. 어떤 제품이어야 하는지를 고민하기보다 그저 회의에서 통과시키려고 휴대폰에 딸린 카메라 화소 수를 전보다 높인다, 전보다 가볍게 만든다는 식의 의견만 내놓는다. 이것도 고객보다 사내 회의를 더 중시하기에 일어나는 일일 것이다.

어디 이런 일이 전자제품 업체에서만 일어나겠는가. 자기 자녀들에게는 자기 회사에서 나오는 감기약을 안 먹인다든가, 자기 회사 서비스는 이용하지 않고 가족들에게도 권하지 않는 식의 예는 일일이 다 말할 수 없다. 2012년 크게 이익을 보고 있던 한 소셜 네트워크 게임은 원래 창업자가 자기 자신과 이용자들을 위해 무료로 즐길 수 있게 했던 것이었다. 그런데 주식회사가 되고 성장을 지향함에 따라 창업자 자신도 '더 이상 일반적인 게임 이용자가 아님'을 인정하였다. 게다가 사회적 약자들을 철저히 착취하여 이익을 올린다는 비판을 받았다는 사실은 매우 상징적이다. 많은 소셜 네트워크 게임에는 돈을 주고 아이템을 살 수 있는 비공식 마켓이 존재하며, 거기서 뽑기를 해야만 얻을 수 있는 아이템을 가지면 게임 참여자들에게 부러움을 사는 구조가 강화되어 있다. 사회적 네트워크가 약한 사람들이 참여자들의 관심을 사려고 거의 중독처럼 뽑기를 계속하여 거액을 지출하는 사례가 사회문제가 되는 것이다.

이처럼 현대 사회에서는 과연 무엇을 위해 일을 하고 있는지 도저히 이해할 수 없는 현상들이 빈번하게 일어나고 있다.

회사는 직원들의 부업을 허하라

생업은 기본적으로 개인이 하기 때문에 누구를 위해 일을 하는가라는 문제를 몸으로 이해할 수 있다. 그러므로 앞서 이야기한, 실감을 못하기 때문에 생기는 모순은 거의 일어나지 않는다.

작고 소박한 나만의 생업 만들기

또 나는 생업을 하면 회사에서도 일하기 쉬워진다고 생각한다. 적어도 자기 힘으로 창업을 하고 운영하는 경험이 쌓이기 때문이다. 그런 경험을 한다면 회사에서 분업화된 상황에 놓여 있다 해도 다른 부서의 업무를 짐작할 수 있다. 회사에 생업을 실천하는 사람이 늘어난다면 상사는 물론이고 부하 직원들도 회사 운영의 어려움과 특징에 대해 더 잘 이해하게 될 테니, 회사를 운영하는 입장에서도 좋지 않을까. 현재 많은 기업은 직원을 꽉 옭아매면서 되도록 직원의 의식을 회사가 독점하고 싶어 하기 때문에 부업을 금지하고 있다. 하지만 오히려 부업을 인정해서 생업을 실천하는 사람, 곧 한 번이라도 자기 힘으로 일을 만들고 운영해본 경험이 있는 사람이 늘어나는 것이 회사 경영에 좋은 효과를 가져올 가능성이 높다. '그렇게 하면 기껏 길러놓은 인재가 유출'되리라는 우려도 있겠지만, 그럴 때에는 회사 일을 7, 생업을 3으로 하는 식으로 적절하게 조정하여 사업에 참여하도록 구조를 정비하면 된다. 구조 정비야말로 경영자의 능력이 드러나는 부분이 아닌가. 그러한 여백을 만들지 못하는 기업은 앞으로 쇠퇴할 것이다.

'생업 만들기' 워크숍에 온 많은 사람들이 부업을 금하는 회사에서 일하고 있었는데 분업화된 업무를 하면서 일하는 목적이 무엇인지 실감하지 못해 고민하고 있었다. 피폐해진 개인을 보면 머지않아 회사 전체가 황폐해지리라고 예측할 수 있다. 오늘날 많은 기업들이 집단 통제가 힘을 발휘하는 군대식으로 운영되고 있다. 그런 기업에서 일하기가 힘든 것은 어떤 의미에서 너무나 당연하다.

여담이지만 생업의 관점에서 말하자면 앞으로 하나의 존재 방식으로서 게릴라형 네트워크의 요소를 도입하는 것이 흥미롭지 않을까 싶다. 예를 들면, 알 카에다 같은 조직이 어떻게 운영되고 있는지 연구해볼 가치가 있다. 테러라는 목적은 물론 나쁘지만, 거액의 비용이 드는 최신 병기를 갖추지 않고도 거대 군사국가에 대항할 수 있는 조직의 형태(이미 조직이라고 말할 수 없을 듯하지만)는 다양한 사람과 협동하는 생업을 만들 때에도 참고가 될 것 같다.

생업 10개조

여기에서 '생업의 요소'를 정리해두겠다. 물론 지금까지 정리한 것들을 이해하기 쉽게 요점으로 짚어주는 것도 필요하지만, 그보다는 각 요소를 이끌어내는 사고의 흐름이 더 중요하다.

생업 10개조
:: 생업을 하면 자기 생활이 충실해진다.
:: 손님을 서비스에 의존하게 만들지 않는다.

:: 스스로 생각하고 자기 힘으로 생활해가는 사람을 늘린다.

:: 생업은 혼자서 시작할 수 있다.

:: 집세 등 고정 비용에 쫓기지 않는 것이 바람직하다.

:: 제공하는 사람과 제공받는 사람이 친해질 수 있다.

:: 전업으로 하지 않는다. 그 대신 전업보다 본질적인 것들을 실현할 수 있다.

:: 실감을 갖게 된다.

:: 애써서 매출을 늘리지 않는다.

:: 자기가 정말로 하고 싶은 것을 만든다.

더 많은 요소들이 있겠지만 각자 항목을 점점 늘려갔으면 좋겠다. 외우지 않아도 되니까 가끔 들여다보거나 갈피가 잘 잡히지 않을 때 떠올리기만 해도 충분하다. 인쇄해서 벽에 붙여두거나 하면 부담이 되니까 그러지는 말기를.

이처럼 간단한 항목들을 스스로 정리하고자 하면 일상에서 받아들이게 되는 정보의 종류와 질도 달라진다. 그러므로 효과는 서서히 나타난다. 계속 이야기하지만 즉각적인 효과는 기대하지 말자.

○ 문제

    사람들과 만나는 것을 좋아합니다. 하지만 매번 술자리를 가지면 1차에서 4,000엔, 2차에서 가볍게 마신다 해도 2,000엔, 지하철 막차를 놓쳐 택시를 타면 또 3,000엔이 듭니다. 한 번 만나는 데 9,000엔을 쓰는 셈이죠.

    이런 만남을 일주일에 한 번 갖는다고 하면 한 달이면 4만 엔 정도, 1년이면 50만 엔 정도의 돈이 듭니다. 보다 적은 예산으로 즐겁게 만날 수 있는 방법을 알려주세요.

● 생업식 예시 답안

사람들이 모일 수 있는 장소를 마련하고,
식사는 요리 잘하는 친구에게 부탁한 다음,
친구들을 불러 파티를 여세요.

                                      작고 소박한 나만의 생업 만들기

● 생업식 해설

요리는 재료와 솜씨만 있으면 맛있게 만들 수 있습니다. 요즘은 일본 전통주도 3,000엔 정도면 꽤 좋은 술을 살 수 있습니다. 다섯 명이 나누어 내면 600엔씩만 부담하면 돼요. 장소만 있다면 이런 문제는 한 번에 해결됩니다. 한 방에 끝나는 거죠.

자, 그렇다면 사람들이 모여 밥을 먹을 수 있는 장소를 직접 준비해야겠죠. 친구에게 제안하여 넓은 거실이 있는 셰어하우스를 빌립니다. 그리고 그냥 술자리도 좋지만 기왕 모이는 거 '다 같이 만두를 빚어 먹자' '면부터 국물까지 라면을 같이 만들자' '각자 자신 있게 만든 카레를 가져와서 선보이자' '해외여행을 다녀온 친구가 찍은 사진을 프로젝터로 보면서 밥을 먹자' 등 작은 이벤트를 같이한다면 더 즐겁겠죠.

대체로 1,500엔 정도의 회비만 있으면 배부르게 먹고 맛있는 술도 마실 수 있습니다. 장소를 제공해준 사람에게는 회비를 500엔 정도 깎아준다면 부담도 적어질 테고요. 뒷정리도 잊지 말고 하시고요.

저는 학생 시절에 교토에서 살았는데 교토에는 여름에 술 마시기 딱 좋은 가모가와 강변이라는 곳이 있습니다. 술과 음식을 가져와서 강변 벤치에서 술자리를 가지면 최고입니다. 그런 술자리를 열 수 있는 장소를 동네에서 찾아보는 방법도 있겠죠.

● 생업식 응용

'카레가 있는 밤'이라는 이름으로 참석자들이 카레를 갖고 오게 하는 이벤트를 정기적으로 여는 식으로 궁리를 해봐도 얼마든지 재미있게 놀 수 있습니다.

제가 생업을 만들기 시작한 첫 3년 동안 살았던 도쿄의 '시타우마의 토방이 있는 집'은 술자리 비용이 너무 부담이 되어서 시작한 생업입니다. 뜻을 모아 정원이 딸린 오래된 전통 가옥을 임대한 다음, 수리를 거듭하여 이벤트 공간 겸 살림집으로 만들었습니다. 돈이 별로 들지 않는데도 가보고 싶다는 마음이 생기게 기획을 해서 매번 열 명에서 서른 명, 많을 때는 쉰 명 가까이 모이는 귀중한 장소가 마련되었습니다. 그러다 보니 어느덧 스스로 집을 수리할 수 있는 능력이 생겼고, 작은 이벤트를 기획하고 준비를 한 다음 공지를 하는, 생업 만들기의 기초가 단련되었다는 것을 깨달았습니다.

이것은 '놀이'가 생업 만들기의 훌륭한 연습이 된다는 것을 보여주는 좋은 예라고 할 수 있습니다.

작고 소박한 나만의 생업 만들기

제2장

혼자 사는 데 필요한 지출을
점검하고 줄이자

즐겁게 지출을 줄이는 방법

자, 지금이라도 '생업을 만들자'라며 밖으로 나가고 싶겠지만 생업으로 수입을 얻기 전에 보다 간단한 방법이 있다. 지출을 줄이는 것이다. 동일본대지진 이후 대체에너지를 어떻게 만들 것인가, 하는 문제가 주목을 받고 있다. 하지만 새로운 방식으로 에너지를 만들기보다 사용하는 에너지의 양을 줄이는 방법이 더 간단하다. 에너지는 사용량을 줄이는 쪽이 압도적으로 쉽다. 기업 경영도 마찬가지다. 매출을 늘리기보다 쓸데없는 지출을 줄이는 쪽이 더 쉽다. 쉽지만 실천하지 못하는 사람이 많긴 하지만 말이다.

생업을 해보려는 사람이 먼저 해야 할 것은 쓸데없는 지출을 찾아내고, 자기가 재미있겠다 싶은 방법을 써서 줄이는 것이다. 더군다

나 그 방법이 효과적이라면 다른 사람에게 알려주는 것 자체가 하나의 생업이 된다는 점이 놀랍다. 일석이조인 셈이다.

현대 사회는 물건이 넘치기 때문에 아무래도 좋은 것에 돈을 쓰게 된다. 그러니 돈을 벌어야 한다, 벌어야 한다며 눈이 벌게질 정도로 애쓰기보다 생활을 주의 깊게 관찰한 후, 삶의 즐거움을 해치지 않으면서도 꽤 많은 지출을 줄일 수 있는 방법을 찾는 편이 좋다.

살면서 필요한 지출을 줄이려면 자기 생활을 바꾸기만 하면 된다. 이 방법은 손님을 찾아 나설 필요도 없으므로 생업을 만들어 수입을 얻는 것보다 훨씬 간단하다.

생업은 전투적이지 못한 사람들을 위한 생활방식이므로 어쨌든 간단한 일부터 시도해보자. 이 장에서는 이른바 생업 만들기의 기초 훈련인 '즐겁게 지출을 줄이는 방법'에 대해 이야기하려 한다.

즐겁게 지출을 줄이는 방법을 생각하기 전에 나 자신이 건강하게, 게다가 시장 경제를 따르지 않고 통쾌하게 살아가려면 무엇이 필요하고, 무엇이 필요하지 않은지 통찰할 필요가 있다.

내 경우를 예로 들어보겠다. 우선 건강하게 살아가는 데는 햇볕이 잘 드는 좋은 잠자리, 겨울에 추위를 막아줄 따뜻한 방, 옷, 그리고 신선한 채소와 된장과 쌀, 거기에 온천이 있으면 족하다. 가끔 생선회를 먹을 수 있으면 더 좋다. 통쾌하게 살아가는 데는 신선한 대화를 나눌 수 있는 동지와 같이, 먹거리를 생산하거나 건물을 짓고 수리할 수 있는 동료가 있으면 충분하다(혼자서 집을 짓는 건 역시 재미없으니까). 여기에 더하여 일 년에 한두 번 낯선 곳에 무언가를 조사하러 갈 수 있고, 매일매일 새로운 기술을 익히고 생활의 자급도를 높여갈 수 있는 환경이라면 더 좋다.

그렇다면 무엇이 필요 없을까. 사자마자 가치가 떨어지는 단독주택이나 맨션(한국의 아파트와 비슷한 집합주택―옮긴이), 분위기 좋고 꽤 사치스런 레스토랑에서의 식사(신선한 재료를 구해서 직접 만들어 먹는 편이 더 맛있다), 화려해 보이는 일, 별 영양가 없어 보이는 술자리, 유지비도 많이 들고 손이 가는 자동차(렌터카로도 충분하다). 맛없고 달기만 한 과자도 필요없다. 가끔 화과자 가게에서 생과자를 하나 산 다음 직접 말차를 끓여 같이 먹는 것이 낫다. 세련되어 보이는 편집숍의 옷도 별로 흥미가 없으므로 필요하지 않다. 모처럼 장롱이나 벽장의 빈 공간을 채울 거라면 정성스럽게 만들어졌고 꾸준히 팔리는 옷을 일 년에 한두 벌 사는 게 제일 좋다.

과연 건강하고 통쾌한 생활을 하려면 어느 정도의 돈이 필요할까. 애초에 돈이 없어도 할 수 있는 재미있고 즐거운 방법이 있다면 그쪽을 택하면 된다.

나는 지금 도쿄에서 셰어하우스에 살면서 집세와 술자리에서 쓰는 돈을 절약하고 물물교환 모임을 하면서 지출을 줄이고 있다. 아직 한 달에 10만 엔 이상을 쓰고 있지만 지출을 줄이는 법을 여러 가지로 궁리하고 있고, 그만큼 충실한 생활을 하고 있다. 하지만 보다 획기적으로 지출을 줄인 사람도 있다. 대학을 졸업하자마자 산간 지방으로 들어가 살기 시작한 친구는 먹거리는 거의 자급하고 휴대전화 요금, 기름값, 인터넷 요금, 집세와 연금 등을 내고, 매일 온천에 가면서 한 달에 2~3만 엔 정도로 살아간다고 한다. 물욕이 별로 없는 사람이긴 하지만 놀라운 액수다. 농사와 과외 교사, 축제 일손 돕기부터 산림업까지, 시골에는 의외로 사람 손이 필요한 일이 꽤 있고, 매달 1~2만 엔 정도 충분히 저금도 할 수 있다고 한다. 딱히 산중에서 도인처럼 살아가지도 않는다. 자신이 기획한 이벤트를 개최하거나 도시에서 시골로 이사 오는 사람들을 돕기도 하고 시골 생활을 체험하려는 연수생을 받으며 매일 바쁘게 살아가고 있다.

이런 생활은 첫째, 주거 비용이 매우 싸기 때문에 가능하다. 일본에서 빈집의 비율은 이미 전국 평균 13퍼센트에 달한다. 30퍼센트 가까이가 빈집인 현도 있다. 편의점 같은 데가 없는 산골일지도 모르겠지만, 흥정을 하기에 따라서 매달 5,000엔 정도의 집세로 일층짜리 독채를 빌릴 수 있는 곳도 있다. 집세가 매달 5,000엔이라면 일 년이면 6만 엔이다. 나는 일 년 동안 도쿄 메구로 구에서 욕실이 없는 방 두 칸짜리 집에 산 적이 있다. 이런 곳도 집세는 월 5만 엔, 일 년 동안 60만 엔이 들었다. 곧 도쿄에서 일 년 동안 살 임대료라면 10

년 동안 산간 마을에서 살 수 있다. 대학을 졸업하고 8년 정도 도쿄에서 살았다면 산간 마을에서 80년 살 수 있는 집세를 썼다는 이야기다. 거의 평생에 해당하는 기간이다. 물론 빌린 집이 80년을 버틸 수 있는지는 잘 모르겠지만, 인구가 지속적으로 감소하고 있으니 빈집은 점점 늘어날 것이다.

이런 사실들을 잘 알아두고 시골에서 집을 빌려 살아갈 방법을 배운다면 꽤 여유 있게 살림을 꾸려갈 수 있는 '선택지'를 가지는 셈이다. 시골에서 생활을 하느냐 마느냐는 개인의 판단과 시기에 따르겠지만, 이런 선택지가 있다는 것을 알아두면 적어도 어설픈 생명보험이나 펀드를 들어두고 일시적으로 안정을 얻기보다 실제적인 도움을 얻을 수 있지 않을까.

아이를 가지는 등 새로운 계획을 실현하기 위해서는 어느 정도 목돈이 필요하다. 그러므로 한 달에 1~2만 엔 정도의 저축으로는 부족하리라는 생각이 들지 모른다. 하지만 자신의 생활 능력을 연마할 시간을 얻을 수 있다면 맨 처음에는 되도록 적은 지출로 생활을 꾸려가는 작전도 가능성이 높은 선택지라고 할 수 있다. 당장의 수입에 연연하기보다 자기 능력을 갈고 닦을 시간을 확보하는 편이 오히려 긴 안목으로 보면 생활의 안정을 기하는 데 더 도움이 된다. 뭐든 돈을 벌어야 한다는 생각만 하지 말고, 한 달에 3만 엔을 벌어 그중 1만 엔은 저축할 수 있다는 걸 알아두어도 손해는 없다.

또 하나 예를 들어보자. 어느 섬의 버려진 마을을 다시 가꾼 곳이 있는데, 거기서 살아가는 가족을 만났더니 자녀가 무려 여덟 명이었다. 일을 한다 해도 일 년에 200만 엔도 못 벌 지역이다. 하지만 이 아이들은 전부 상급 학교에 진학했다. 어떻게 이런 일이 가능하느냐 하면 집세 등의 고정 비용이 거의 들지 않는 생활을 하고 있었기 때문이다. 눈에 보이는 수입은 적을지라도 그 돈을 쓸 일이 거의 없다. 게다가 수입이 적기 때문에 공부에 힘을 쏟아 장학금도 쉽게 받는 부수적인 효과도 있었다고 한다. 형제가 여덟이나 되니까 서로 공부를 봐줄 수 있어 따로 과외를 받을 필요가 없었는지도 모른다.

너무 극단적인 예라고 할 사람도 많겠지만, 자녀 교육비가 2,000만~3,000만 엔이 든다는 등 누가 했는지도 모를 별 근거도 없는 말에 겁을 먹고 돈을 벌어야 한다며 초조해 할 필요는 없다. 교육비 내역을 자세히 살펴보고 보다 효과적으로 돈을 쓸 방법은 없는지 검토하는 것이 중요하다. 방법을 찾을 여지는 얼마든지 있다. 오밀조밀한 금융자산관리사의 잔재주보다 언뜻 극단적으로 보이는 예에서 본질적인 것들을 배울 수 있는 법이다.

불안의 원인은 무엇인가

몸과 마음이 너무 지쳐서 회사를 그만두고 싶지만 저지르지 못하는 이유 가운데 하나는 월급이 사라진다는 공포다. 수입이 끊기면 아무것도 못할까봐 두려운 것이다.

도시 생활은 유지비가 많이 들기 때문에 일을 그만두면 생활이 어려워지기 쉽다. 그에 대한 공포가 너무 큰 나머지, 회사를 그만두어도 충분히 자기 힘으로 일을 찾아서 어떻게든 생활하겠다 싶은 사람도 그렇게 하지 않는다. 이것이 바로 공포의 무서운 점이다. 현대 사회에서는 제대로 된 판단을 할 수 있는 상태를 유지하는 것이 생각보다 어렵다. 제정신을 갖고 있는 것만으로도 상을 줘야 할 판이다.

생업을 만들기 전에 다양한 '공포'를 '위기감'으로 바꾸는 기초적인 능력이 필요하다. 공포는 일종의 귀신과 같아서 주위에서 어떤 해결책을 제시한다 해도 실천하지 못하게 하는 힘을 발휘한다. 한 만화에 나오는 말을 빌리자면 다음과 같다. "원인을 모르니까 놀라는 거다……. 요술의 기본이지"(도가시 요시히로, 『HUNTER×HUNTER 제6권』, 슈에이샤).

그렇다면 불을 밝혀 공포의 정체를 폭로하면 된다. 우리는 미지에 대한 도전을 두고 '어렵다' '힘들다'고 말하기 일쑤지만, 무엇이 얼마나 어려운지 세세하게 뜯어보면 우리가 보통 어렵다고 생각하는 많은 것들은 실제로는 해결 가능한 것들의 집합체에 지나지 않음을 알게 된다.

월급이 없어지리라는 두려움도 자기 생활에 매달 얼마가 드는지, 그 비용을 얼마나 줄일 수 있는지, 최소한의 지출만 한다면 몇 개월이나 버틸 수 있는지, 그 생활을 즐겁게 계속해나갈 수 있는지 등의 문제를 하나하나 정확히 마주하면 될 일이다. 정체를 알았다면 움직이는 데 거리낄 것이 없다. 스스로 해결책을 찾거나 문제를 피할 수 있으니 말이다.

공포를 위기감으로 바꾸는 방법은 한동안 가계부를 써서 실제로 지출을 얼마나 하는지 피부로 느끼거나, 매일 쓸데없이 지출한 항목을 적었다가 그런 지출을 없앤다든지, 일주일 동안 돈을 전혀 쓰지 않는 곳에 갔다 오는 등 여러 가지가 있을 수 있다. 참고로 나는 햇볕이 잘 드는 좋은 잠자리가 있고 온천에 갈 수 있고 괜찮은 식사를 할 수 있다면 나머지는 돈을 들이지 않아도 어떻게든 할 수 있기 때문에, 이 세 가지를 만족시키는 생활에 드는 비용이 정확히 얼마인지 파악했다. 최소한 그만큼만 벌 수 있는 생업을 만들어두면 되므로 무척 안심이 되었다. 나 혼자 산다면 두 개 정도의 생업을 하면 최소한의 생활비는 충분히 벌 수 있다. 아이를 기른다고 해도 부부가 네댓 개의 생업을 하면 일단 충분할 것 같다. 그렇다면 어떻게 생업을 만들지, 안정적으로 생업을 하게 되기까지 어떻게 생활을 꾸려갈지

작고 소박한 나만의 생업 만들기

를 고민해야 한다. 이 정도까지 구체적으로 파악해둔다면 공포는 꽤 줄어들 것이다.

생활에 별 어려움이 없으리라는 안정감이 있다면, '어쩔 수 없이 건강을 희생하면서 해야 하는 일'을 하는 시간을 되도록 줄여, '미래를 대비하는 일'에만 집중할 수 있다. 이러한 상태를 유지할 수 있는 것도 자신의 힘으로 생활을 해나갈 수 있는 생업의 커다란 장점이다.

한편으로는 유지비를 벌려고 이른바 '라이스워크'라 하여 먹고살기 위한 일을 해서 돈을 번 다음, 원하는 일을 '필생의 사업'으로 삼겠다고 하는데, 이는 언뜻 현실적으로 들리지만 안이한 생각이다. 생계를 위해 하는 일도 일이므로 자신의 감각에 영향을 미친다. 그리고 그 영향은 생각보다 크다. 먹고살기 위한 일로 치부하면 그 감각이 몸에 붙어 원하는 일을 할 때의 감각도 둔해진다. 일상의 영향을 간과해서는 안 된다. 지금 하고 있는 일이 원하는 일과 아무리 동떨어질지라도 분명 자신이 목표로 하는 일에 도움이 되는 요소가 있다. 그러므로 일을 하면서 내 것으로 만들고 싶은 노하우를 찾아보는 등 자신에게 득이 되도록 계속 노력해야 한다. 감각은 순식간에 둔해지니까.

학생 시절에는 재기가 넘치던 사람이었는데 몇 년 만에 만났더니 자기 회사 이야기밖에 안 하는 지겨운 사람이 되었더라는 에피소드는 차고 넘친다. 회사원으로서 안정적인 수입을 얻으면서 자기가 정말로 하고 싶은 일을 한다는 작전을 세운다 해도 회사 일을 긍정적으로 해나가지 않으면, 회사를 나온 후 하고 싶었던 필생의 사업도 잘될 리 없다. 이론적으로야 회사에 다니면서 남는 시간에 좋아하는 일에 몰두하는 것이 가장 위험성이 적고 안정적이며 장점만 취하는 듯이 보이겠지만, 거기에는 일상 환경의 영향을 만만히 보게 된다는 함정이 도사리고 있다. 이런 작전을 쓰겠다고 마음먹었다면 우선 회사 근무를 긍정적으로 해나가라. 네덜란드에서는 워크셰어링이라 하여 주 4일이나 주 3일 근무를 늘리고 남는 시간에 부업이나 지역 활동을 할 수 있는 근무 방식이 한때 화제를 모았다. 일본에서는 이런 방식이 나라의 규모나 사회제도상 어렵다고들 하지만, 그보다는 지금의 근무환경을 얼마나 긍정적으로 대하게 하느냐가 더 중요할 것이다.

회사 단위로 보더라도 그렇다. 특히 웹서비스 회사에서는 이런 일이 종종 일어난다. 자기 회사의 서비스를 키우기까지 다른 기업으로부터 일을 위탁받아 돈을 버는 사이에 자신들이 원래 하고자 했던 서비스에 대한 계획은 전혀 진전을 못 시키거나 아예 포기하게 되는 경우가 굉장히 많다. 사람들로부터 훌륭한 서비스를 제공하는 회사라는 인정을 받았더라도 실상은 다른 회사에서 의뢰를 받아 하는 일이 주요한 수입원인 경우도 있다. 어쨌든 자기들이 주체가 아니기

작고 소박한 나만의 생업 만들기

때문에 어떻게든 마감 기한과 예산에 맞추어야 해서 노동환경이 열악해지기 일쑤다.

프리랜서도 별반 다르지 않다. 예를 들면, 웹디자이너는 웹사이트를 만드는 것이 자기 일인데도 좀처럼 일이 진척되지 않을 때도 많을 것이다. 자기 사이트를 만드는 일은 미루게 되니까 말이다. 보다 중요한 일이 밀리게 되는 경우는 이처럼 흔하다.

'대장장이 집에 식칼이 논다'라는 속담은 자칫하면 이런 일이 일어나기 쉬운 시장경제의 성격을 잘 드러낸다. 그러므로 진짜로 하고 싶은 일을 하기 위해 밥벌이로 하는 일이라며 부정적인 마음가짐으로 임하는 것은 바람직하지 않다. 일을 대하는 의식이 안이해지면 시시한 인간이 되고 만다. 현대 사회에는 감각을 둔하게 만드는 이런 덫이 참 많다.

그러므로 밥에도, 일에도 실례가 되는 '라이스워크'니 하는 이런 말을 우선 쓰지 말아야 한다. 조심성이 없는 말을 사용하면 그만큼 행동에도 영향을 미친다. 그뿐만 아니라 머니타이즈니 셀프 브랜딩이니 레버리지니 하는 뜻 모를 유행어를 쓰면 사고가 둔해지므로 생업을 염두에 둔 사람들은 사용하는 말에도 세심한 주의를 기울이라고 하고 싶다.

참고로, 나는 저런 말들을 사용하지 않는다. 굳이 바꾸어 말하자면 머니타이즈＝돈을 버는 방법, 입장료 받기, 셀프 브랜딩＝(좋게 말하자면) 매일 한 일을 알기 쉽게 보고하는 것, (나쁘게 말하자면) 자기를 광고하는 것, 레버리지=(좋게 말하자면) 효과적이고 수익도 좋은 방법, (나쁘게 말하자면) 별로 힘을 안 들이고 쉽게 결과를 내는 것 정도로 이야기할 수 있겠다.

누가 뭐라 해도 인간은 말로 사고를 형성한다. 그러므로 '생업'이라는 말을 사용함으로써 '생활과 일을 일체화한다'는 사고방식을 익숙하게 만들자. 이것 또한 이 책의 주제 가운데 하나다. 그런 의미에서 비즈니스는 busy에서 온 말이라고 하니 사용하지 않는다. 바빠지면 마음을 잃어버린다고 하니까. 갈피를 잡기 어렵다면, 이건 생업이라고 할 수 없겠구나 하는 생각이 들면 생업이 아니고, 생업이라고 하면 딱 맞겠구나 싶으면 생업이 된다. 말장난 같아 보일지도 모르지만 이것은 꽤 중요하다.

'소비를 부추기는' 현대 사회의 압력

무슨 일을 하든 돈이 든다는 말은 어떤 면에서는 사실이다. 그러니까 돈을 벌어야 한다는 당연해 보이는 상식의 실체를 의심해보자. 그렇지만 물물교환이 좋다든가, 뜬금없이 증여경제를 들고 나오는 것도 안이한 생각이다. 생업을 시작하기 전 중요한 준비체조로 화폐

경제에 대해 좀더 자세히 살펴보자.

소비는 생활의 여러 측면에 걸쳐 있다. 여기서 우선 큰돈이 오가는 분야를 목표로 삼아보자. 현대 사회에서 대부분의 사람들에게 가장 큰 지출로 꼽히는 것은 '집'과 관련되어 있다. 그다음으로는 사람마다 다르겠지만 식비, 교통비, 교제비, 여가비(술자리에 쓰는 돈 등), 통신비(휴대전화 요금 등), 의료비, 자녀가 있다면 교육비 등이 차례로 뒤를 이을 것이다. 먼저 생활의 대부분을 차지하는 집과 관련된 비용을 통하여 '돈을 쓴다'는 말의 의미를 생각해보자.

예를 들면, 나는 첫 월급이 20만 엔이었던 시절에 월 5만 엔의 집세를 내는 아파트(임대용으로 지어진 소규모 다세대주택으로 대학생이나 직장인이 많이 산다. 대개 2층이고 한국의 아파트와는 전혀 다른 건물이다—옮긴이)에 살았다. 연봉은 240만 엔인데 일 년치 집세가 60만 엔이었다. 곧 일 년의 4분의 1에 해당하는 3개월은 집세 때문에 일했다는 말이다. 게다가 집이라고 해도 들어가서 잠만 자는 곳이나 다름없었고, 일인용 아파트는 주방이 좁아 음식도 제대로 만들기 힘들었다. 그런 생활을 하는 사람이 많긴 하겠지만 적어도 과거의 나 자신에게 이렇게 물어보고 싶다.

'과연 일 년의 4분의 1을 집세를 위해 낭비할 가치가 있었나?'

'다른 수단은 없었을까?'

이런 질문은 인생의 4분의 1을 재검토한다고 할 만큼 영향력이 크다. 앞서 말한 식비, 교제비, 교통비 등도 이렇게 살펴보라. 이것은 본격적인 생업식 생활을 하기 전에 꼭 필요한 준비 과정이다.

앞으로 찾아올 세계화 이후의 시대를 대비하기 위해서도 지출을 꼭 재검토할 필요가 있다. 특히 액수도 크고 생활의 질에도 큰 영향을 미치는 주거비와 식비에 관해서는 시행착오를 거치는 시기가 있다. 어쨌든 수입의 형태를 바꾸고자 하면 당연히 지출 방식도 바꾸어야 한다.

집은 셰어하우스를 직접 만들어도 좋고 평일용으로 작은 아파트를 빌리고 주말용으로 시골에 집을 마련하는 방법도 있다. 아니면 자기 이름으로 빌리거나 산 집을 전부 처분하고, 어떤 작업이나 교환을 통해 다른 사람의 집에 머무르는 생활을 한동안 해보는 것도 좋다. 혹은 동네 카페는 서재, 공중목욕탕은 욕실, 공원의 나무 그늘은 정원, 교회나 절은 명상의 공간, 친구의 셰어하우스 주방은 부엌으로 삼고, 침실만 있는 작은 아파트를 빌려서 사는 방법도 있다. 공중목욕탕은 도쿄 어디에든 있으니까. 이런 방법들은 그야말로 클라우드(개인용 컴퓨터나 휴대폰이 아닌 외부의 대형 서버에 콘텐츠나 소프트웨어를 저장해놓고 필요할 때마다 내려받아 사용하는 웹서비스―옮긴이)에 비길 만하다.

이미 소리 소문 없이 여러 가지 시도가 생겨나고 있다. 예를 들면, 반년 동안 집중적으로 일해 돈을 모은 뒤 생활비가 싼 해외에서 나

작고 소박한 나만의 생업 만들기

머지 반년을 사는 생활을 반복하여, 매년 100만 엔씩 저축하는 사람도 있다고 한다.

사업을 할 경우에도 임대료 지출을 크게 낮출 필요가 있다. 여러 업종이 그렇겠지만 전형적인 자영업인 음식점을 예로 들어보자. '내 공간을 가지고 돈을 벌 수 있는 일을 하고 싶다' '맛있는 음식으로 사람들을 즐겁게 해주고 싶다'라는 바람을 가지고 가게를 시작했다고 하자.

가게를 시작하려면 우선 공간이 필요하다. 먼저 가게를 빌리는 데 보증금으로 100만 엔, 200만 엔이 사라진다. 그리고 업자에게 부탁해 인테리어를 하고 냉장고를 사거나 싱크대와 가스레인지 같은 주방 설비를 갖춘 다음, 구청에 허가 신청서를 내는 등 완벽한 준비를 한다면 300만 엔은 가뿐히 넘어간다. 게다가 직원을 고용하면 매달 20~30만 엔을 줘야 한다. 첫 한두 해는 당연히 적자이고 그후 필사적으로 5년, 10년을 일해서 그 적자를 메꾸어나간다. 대략적인 수치를 예로 들었을 뿐이지만 크게 보아 이 정도가 현재 통상적인 비용이다.

그러므로 창업지원센터 같은 데 가서 "가게를 하고 싶은데요"라며 상담을 해도 "300만 엔 정도 목돈이 있으신가요? 없으시다고요? 안 됩니다. 돌아가세요"라는 말을 듣고 풀이 죽어 오게 된다. 시작부터 빚을 내야 하나 싶어 한숨만 나온다.

생업식으로 생각하면 반드시 그렇게 할 필요는 없다. 우선 임대료가 싼 점포를 찾는다. 그리고 시간을 들여서 더 이상 사용하지 않는 설비를 양도받고 인테리어는 스스로 한다. 혹은 아예 점포를 임대하지 않고 낮에는 영업을 하지 않는 술집 앞을 빌려 도시락집을 열어도 좋다. 내 친구 부모님은 농사를 짓고 있는데 생업의 정신이 넘치는 분들이라 "더 이상 농협에 도매가로 넘기지 않겠다!"라며 차에 채소를 싣고 도쿄에 와서 공터나 주차장을 잠깐씩 빌려 장사를 하신다. 그런데 이 일이 꽤 잘되고 있다.

또 시골에서 장사를 한다면 직원을 고용할 필요 없이 문을 여는 날을 정해서 혼자서 시작한다. 주말에만 영업을 하고 평일에는 다른 일을 하는 방법도 있다.

어떻게 이틀만 영업을 해도 될까? 이것은 가게 일을 하다 보면 알수 있다. 사실 손님이 쉴 틈 없이 찾아오는 가게는 드물다. 이즈 반도에 있는 카페에서 아르바이트를 할 때 실감한 일인데, 손님이 올 때에는 한꺼번에 몰리고 없을 때는 한가하다. 말하자면 변덕이 심하다. 한가할 때에는 손을 놀리게 되는 직원을 고용하면 인건비 때문에 가게 유지비가 올라간다. 유지비를 벌기 위해서라도 매출을 높여야 한다. 또 효율성을 높이기 위한 기계가 필요하다거나 하면 초기비용이 더 높아진다. 거기에 광고비가 들기도 하고 무엇보다 가게 주인이 일하는 시간이 늘어난다. 그러면서 자연스럽게 '내 주관대로'

작고 소박한 나만의 생업 만들기

라는 처음의 목표를 잃게 된다.

애초에 시골에서 살아가기 위해 시작한 생업식 작전의 가장 중요한 점은 되도록 자기 힘으로 생활을 해나가는 것이다. 주 5일 이상 일을 하면 자급할 수 있는 범위가 좁아진다. 집짓기나 먹거리 생산 등 하고 싶어지는 일은 얼마든지 있다.

주말만 영업을 하고 직접 인테리어를 하는 식의 방법은 집세가 많이 들지 않는 시골에서 특히 효과적이지만, 도시에서 할 수 있는 일도 많다. 처음부터 점포를 빌리지 않고 출장 요리사로 일한다든지 격일로 매니저로 일할 수 있는 가게에서 시험 삼아 영업을 해보는 것은, 주방 설비를 잘 갖춘 집이나 격일제 매니저를 고용하는 가게가 있는 도시 나름의 조건을 잘 활용한 방법이다.

이처럼 지역을 막론하고 초기 투자비용을 별로 들이지 않으면서도 자기 일을 시작할 방법은 있다. 이런 방법들을 철저하게 연구하는 것이 생업의 사상이자 일종의 게임이다. 도리어 큰 투자가 필요한 일은 시시하다. 누구나 할 수 있기 때문이다.

좀더 구체적으로 생각해보자. 빵가게 창업을 한다고 치자. 큰돈을 벌겠다고 한다면 사람이 많이 다니는 곳에 개업하여(임대료도 높다), 많은 사람에게 팔 수 있도록 큰 가게를 열어야만 한다. 당연히 돈이 든다. 바쁘게 일해야 하니 직원도 늘린다. 유지비를 벌자면 광고비도 늘리고, 그러면 당연히 매출도 크게 잡아야 한다.

다른 방법이 있다. 예를 들면, 임대료가 높지 않은 시골에서 직접 흙가마를 만들고 장작으로 빵을 구우면서 주말만 판매하는 식으로 할 수도 있다. 가마를 만드는 점토는 1~2만 엔이면 살 수 있고, 주택의 흙벽을 재활용하여 만들 수도 있다. 이렇게 하면 돈을 별로 들이지 않고도 가능하다. 그조차도 쉽지 않다면 찐빵 장사 같은 것도 있다. 이 일은 가스레인지 정도만 있으면 되니까 설비투자가 거의 필요 없다. 처음부터 장사가 잘되지 않을지도 모르지만, 빵의 질과 제조 공정에 자기 스스로 만족할 수 있다면 생업으로 계속할 수 있다. 그리고 뛰어난 솜씨가 없다 해도 금방 시작할 수 있다.

바로 시작할 수 있다는 점은 무척 중요하다. 창업 자금은 300만 엔 정도 있어야 한다고들 하지만, 그 돈과 관련된 시간에 대해서도 검토해보자. 열심히 일해 돈을 모으는 것도 하나의 방법이지만, 1년에 100만 엔을 모아도 300만 엔을 모으려면 3년이 걸린다. 그 사이에 의욕을 잃어버릴 수도 있고, 그렇게 돈을 모아 창업을 해도 반드시 흑자가 나고 성공한다는 보장도 없다. 인생은 짧다. 그 3년이 의미가 있는 시간이라면 다행이겠지만 그저 돈을 모으기 위한 3년이었다면 아까운 일 아닌가. 나는 지금 서른두 살이다. 70세까지 산다고 했을 때 3년 동안 창업 자금을 모으고 10년에 걸쳐 갚고 나면 그때 나이는 45세이다. 65세에 은퇴한다고 하면 은퇴까지 남은 시간은 20년. 남은 수명은 25년이다. 이것도 일이 잘 풀렸을 때의 이야기다. 이 문제

작고 소박한 나만의 생업 만들기

를 어떻게 봐야 할까. 이렇게 살아가려면 꽤 큰 각오가 필요할 텐데, 과연 그러한 각오가 필요할까.

현대 사회에서는 '300만 엔을 준비해서 그것을 밑천으로 돈을 벌자'라는 모델만 제시되고 있기 때문에 무엇을 시작하든 상당한 부담이 따르고 문턱도 높게 느껴진다. 300만 엔을 모아 가게를 시작했다는 것을 높이 사는 경향마저 있다는 사실은 더욱이 바람직하지 않다. 창업 자금이 3년치 인생과 고스란히 맞바꾸어 얻는 것이라면 인생을 너무 가볍게 취급하는 게 아닐까? 돈을 모으는 과정도 수고는 따르지만 즐길 수 있게 만들어가야 한다.

현대 사회에서는 뭐든 간에 고위험, 고수익이 따르는 한 가지 길만 강조하고, 적은 위험, 적은 수익의 길을 택해 차츰 키워나가는 선택지가 별로 보이지 않는다.

직접 흙가마를 만들어 주말에만 안전한 재료를 사용해 빵을 굽고 이것을 나누는 생업은 현대인의 시야에는 좀처럼 들어오지 않는가 보다. 창업 잡지도 그러한 선택지를 별로 다루고 있지 않고, 오히려 편의점 점주가 되기를 추천하는 경우가 많다. 그런 방법 말고는 없을까? 그 부분을 고민해야만 한다.

창의성 넘치는 예산 줄이기 방법

지금까지 절약을 해야 한다는 이야기만 늘어놓은 것처럼 비칠지도 모르겠다. 그보다는 오히려 적은 밑천으로 무슨 일이든 하고자 하는 쪽이 존경할 만하고 즐거운 일이라고 이야기하고 싶었다.

오늘날에는 이미 돈을 써서 무언가를 해내는 것은 흔한 일이 되었다. 말하자면 누구라도 할 수 있는 일인 것이다(실제로 큰돈을 쓸 수 있는 사람은 많지 않겠지만).

이론적으로는 같은 돈이 있으면 누구나 같은 서비스를 받을 수 있다. 곧 돈으로 할 수 있는 일이라면 누가 하든 같은 결과가 나온다. 그러므로 당당하게 자기 일이라고 말하기 어렵다. 물론 현실적으로는 옳든 그르든 돈을 쓰는 방법은 정말 많다. 그 가운데에서도 역시 적은 밑천으로 사람들에게 도움이 되거나 재미있는 일을 벌이는 사람이 가장 멋지다.

『곤충기』를 쓴 파브르가 존경스럽다는 데 토를 달 사람은 많지 않을 것이다. 그런데 그는 그저 자연을 열심히 관찰하고 그 결과를 책으로 냈을 뿐이다. 정말이지 거의 비용이 들지 않는 일이었다. 오늘날처럼 거대한 프로젝트 예산을 따내 대규모로 이루어지는 연구와는 다르다.

센 리큐(千利休, 1522~1591: 일본 전국시대에 다도를 정립하고 완성한 인물—옮긴이)도 그냥 내버려두면 큰 건물을 짓고 싶어 하는 인간의 본성을 극복하고 일부러 작은 오두막과 다기에 성(城)과 맞먹는 가치를 부여했다. 이것도 정말 놀랄 만한, 거의 지구적인 차원의 저비용이다. 모든 사람이 앞다투어 큰 건물이나 고층 빌딩을 지어낸다면 엄청난 자원을 낭비하게 되고, 쓰레기를 버릴 곳도 없어진다.

꽃꽂이 역시 자연에 존재하는 식물에 손길을 더하는 것만으로 가치를 만들어낸다는 의미에서 놀라운 저비용이다.

또 돈을 써서 물건을 손에 넣을 수 있다는 것은 그만큼 자원을 쓴다는 이야기이기도 하다. 물건을 만드는 데는 자원도 필요하고 전기도 필요하다. 최종적으로는 쓰레기만 늘리는 일이다. 그 궁극적인 예 가운데 하나가 핵연료 폐기물이다. 따지고 보면 지구적 차원에서 가장 존경스러운 삶을 사는 사람은 적은 지출로 살아가는 사람이라고도 할 수 있다.

이러한 관점에 익숙해지면, 세상에서 말하는 사회적 지위의 높고 낮음에 대한 시각이 크게 달라진다. '그렇지 않다. 부의 축적이야말로 인류 발전의 기초다'라는 의견도 있을 것이다. 분명 앞에서 말한 센 리큐는 오다 노부나가(織田信長, 1534~1582: 일본 전국시대를 평정하고 이후 통일의 기틀을 닦은 무장—옮긴이) 같은 사람이 축적한 부를 활용하여 다도라는 저비용 문화체계를 연구, 개발하고 보급한 뛰어난 사람이었다. 그러나 리큐 이후에도 지금까지 일본인은 부지런히 부를 축적하고 지키려고 힘써왔다. 그러니 다시 한 번 저비용으로 생활을 풍요롭게 하는 행위를 개발하고, 돈과 적절한 거리를 두면서 바람직한 화폐경제를 모색할 시대에 접어들지 않았나 싶다.

파브르가 힘들게 살았던 근대나 센 리큐가 수완을 발휘해 헤쳐나간 중세와 달리, 오늘날은 자급할 수 있는 정도의 채소나 쌀을 재배하는 것이 비교적 쉬워졌고 개인이 사용할 수 있는 도구도 늘어났다. 돈을 쓰지 않는 행위에 가치를 부여하기에 때마침 좋은 시기가 온 것이다.

각자 불필요한 돈을 쓰지 않는 등의 규칙을 만들어 생활하는 가운데, 어떤 식으로 현대 사회에서 통쾌하고 풍요롭다고 여길 수 있는 생활을 할 수 있을까. 이 지점이 생업식 생활의 기본 전략이다. 이것은 단순한 절약을 의미하지는 않는다. 이제는 돈을 써서 즐거움을 사는 쪽이 오히려 재미가 떨어진다. 돈을 쓰지 않고도 어느 정도 자립적으로 살아갈 수 있느냐, 이쪽이 더 재미있다. 간사이(関西: 오사카와 교토를 중심으로 하는 지역을 일컫는 말—옮긴이) 지방 사람들은 대화를 할 때 종종 "값어치가 있느냐?"라는 말을 하는데 그야말로 내용물이 가격 이상의 값을 하느냐는 의미이다. 영어로 표현하자면 '코스트 퍼포먼스'일 텐데, 이런 영어보다 '값어치가 어느 정도인가'라는 말을 상황에 따라 사용하면 좋겠다. 예를 들어, 광고로 브랜드 가치를 높인 물건을 사기보다 예술성을 추구하는 작가를 찾아 직접 이야기를 나눈 뒤 작품을 산다면, 감각도 기를 수 있고 생활에 신선한 활력소도 얻을 수 있다.

벌써 이런 일들을 시작한 사람도 많다. '집에서 가지는 술자리'가 그렇고 아예 차를 구입하지 않는 사람도 늘고 있다. 어중간하게 비싼 가게에 가느니 집에서 파티를 열어도 좋고, 외식을 할 때에도 늘 새로운 가치가 있는 곳을 찾는 등 일상생활에서 실천할 수 있는 일들은 많다.

전문가 수준으로 요리를 잘하는 친구를 사귄 다음, 그 친구와 같이 음식을 만들어 파티를 기획하는 방법도 궁리를 해볼 수 있다. 그러면 요리 솜씨도 늘고 갓 만든 요리를 먹으면서 떠들썩한 식사를 할 수 있을 것이다. 친구 역시 자신에게 어울리는 생업을 찾거나 요리 실력도 향상시킬 수 있다. 넓은 공간이 필요하다면 요즘 늘어나고 있는 셰어하우스에 문의해도 되고, 공영 조리실 같은 곳도 의외로 싸게 빌릴 수 있다.

아이디어는 무한하다. 오락도 예를 들면, 어린 시절 했던 범인잡기 놀이(경찰 팀과 범인 팀으로 나누어 경찰이 범인을 잡으러 다니는 술래잡기 놀이—옮긴이)를 할 만한 장소를 찾아보고 어른에게 어울리도록 규칙을 바꾸면, 이것도 훌륭한 저비용 오락이 된다. 일상에서 맛볼 수 없는 스릴도 있고 적절한 운동도 되니까 강력 추천한다. 학생 시절에 직접 대학교 캠퍼스나 운전교습소에서 해본 적이 있는데 정말 흥미진

진했다. 기회가 닿으면 지금도 해보고 싶다. 돈을 거의 쓰지 않으면서 최고의 재미를 느낄 수 있으니까. 장소를 찾고 같이할 사람을 모으는 게 일이긴 하지만 그다지 어렵지는 않다.

자기가 직접 집을 짓거나, 그렇게까지 하지 않더라도 친구를 모아 오래되었지만 잘 지어진 집을 수리하면 주거비도 아낄 수 있다. 작업이 있는 날마다 바비큐 파티를 열면 일도 즐거워질 것이다. 즐겁게 일을 하니까 괜히 캠프장에 가는 것보다 재미있고 맥주도 더 맛있다. 게다가 건물에 대해 잘 알게 되니 공부도 된다.

좀더 간단한 방법을 들자면, 버스정류장이나 공중목욕탕을 중심으로 집을 찾으면 집세를 아낄 수 있다. 도쿄에서는 역에 가까운 물건들은 죄다 비싸다. 하지만 버스가 자주 다니는 노선도 있으니 버스정류장 근처에 있는 물건을 노리는 것도 편리하면서 집세가 싼 곳을 찾는 방법 가운데 하나다. 또 넓고 깨끗하지만 욕실이 없는 물건을 찾아 괜찮은 공중목욕탕 근처에 사는 것도 재미있다. 집세도 싸지고 욕실 청소를 하는 수고도 줄어드는 데다가 목욕 요금을 낸다 해도 수도와 가스 요금을 생각하면 충분히 본전을 뽑는 셈이다. 무엇보다 개인이 가질 수 없는 큰 욕탕에 매일 들어갈 수 있다는 장점이 있다. 이 또한 싸고 쾌적한 생활을 할 수 있는 좋은 방법이다. 꽤 비싼 집세를 내고도 욕실이 좁다면 차라리 욕실이 없는 집을 구하는 편이 낫다. 그러니 당장 집을 고치거나 짓기 힘든 사람은 괜찮은 목욕탕을 중심으로 물건을 찾아봐도 괜찮다. 목욕탕은 아파트나 맨션과 한 건물에 있는 경우도 있으므로 그러한 곳들을 노려보자. 문제는 넓고 깨끗하지만 욕실이 없는 물건은 좀처럼 없다는 점이지만.

여기서 또 문제를 발견했다. 이것도 생업의 실마리로 삼을 수 있다. 너무 낡아서 빌리는 사람이 없는 욕실 없는 아파트 같은 곳을 통째로 공동 임대하여, 주방을 없애고 깨끗하게 수리한다. 그리고 훌륭한 공동 주방을 만들어 각자의 방이 있으면서 공동 공간도 있는 셰어하우스로 탈바꿈시킨 뒤, 근처 목욕탕과 계약을 맺어 싸게 목욕하는 식으로 만들 수 있다. 물론 방법을 고민해서 수리비는 낮춘다.

적은 밑천을 가지고도 즐겁고 통쾌한 일을 할 수 있는 여지는 무한하다. 이런 비용 절감술을 발전시켜가면 먼저 자기 생활이 유쾌해지고 그 여세를 몰아가면 그대로 생업으로 성장한다. 생업에서는 바로 이런 점이 재미있다.

집을 한 채 지을 수 있는 기술이 있으면, 건축주도 가능한 범위 안에서 시공에 참여한다는 조건을 달아 생업식으로 가치를 설정하여 남의 집을 지어도 된다. 또 범인잡기 놀이에 숙달되면 대회를 기획하여 생업으로 삼아도 좋다. 덧붙이자면, 최근 꽤 화제가 되고 있는 '탈출 게임'(작게는 한 채의 집, 크게는 놀이공원이나 야구장 내에 숨겨져 있는 힌트를 모아 열쇠 등 각 장소를 탈출할 수 있는 방법을 찾아내는 게임. 2007년 교토에서 처음 시작되었으며 그후 일본 각 지역에서 개최되면서 젊은층에 인기를 얻고 있다. 이벤트를 주최하는 SCRAP이라는 회사는 이벤트 전문 기획사가 아니라 원래 교토에서 무가지를 발행하던 회사였다—옮긴이)도 창안자인 가토 다카오(加藤隆生) 씨가 새해에 친척들이 모였을 때 자기 동네를 무대로 보물찾기 게임을 한 것이 시초가 되었다고 한다. 자기에게 가장 재미있는 놀이를 생업으로 만들 수도 있는 것이다.

무언가 한몫 잡아보고자 사회적 수요를 조사했다가도 그게 빗나가면 아무것도 남지 않는다. 그런데 이런 비용 절감은 빗나간다는 것이 있을 수 없으며, 적어도 자기 삶을 더 낫게 만든다. 곧 자신의 생활에서 태어나는[生] 일[業]인 생업이란 대기업에 다니는 회사원도 놀랄 만한, 안정을 지향하는 사람들을 위한 방법론이기도 한 것이다.

만약의 경우에도 어떻게든
버틸 수 있는 환경 만들기

생업 만들기를 시작하고서 '무슨 일이 생겨서 일을 하지 못하게 되면 어떻게 하나?'라는 이야기를 종종 듣는다. 회사에 소속되어 있다면 사고로 큰 부상을 당하거나 정신질환이 생겨도 치료비나 급여의 일부를 받으면서 휴직할 수도 있다. 회사 생활에서는 이런 점이 매우 크게 보인다고 생각한다. 하지만 좀 생각해보자. 가령 정신질환이 생겨도 회사가 보상해준다는 말은 거꾸로 회사는 그런 일이 일어날 만한 환경이라는 뜻이기도 하다. 플러스냐 마이너스냐를 따지자면 압도적인 마이너스다. 금전적인 보상이 된다 해도 그것으로 잃어버린 건강을 되찾는다는 보장은 없으며 시간도 걸린다. 도대체 무엇을 위한 보상이란 말인가.

생업식 생활에서 '건강 증진'은 갑이라는 회사와 을이라는 회사의 가장 중요한 업무이다. 건강을 잃지 않는다는 것이 이미 각 개인의 '비즈니스 모델'에 포함되어 있기 때문에 처음부터 건강을 해칠 위험을 자기 의지로 최대한 낮출 수 있다. 거꾸로 이야기하자면 앞서 이야기한 높은 임대료에 쫓기는 장사는 아무래도 자기가 전부 하려 들면 건강을 우선시하기는 힘들다. 그래서 생업이 되기는 어렵고 어느 정도 위험을 감수하고 조직을 갖추어 운영하려 한다. 같은 자영업이라 해도 이것이 큰 분기점이 된다. 생업을 시작할 때 이 점을 주의해야 한다.

어느 쪽을 택하든 간에, 제도나 보험에 들이는 수고나 비용을 태극권 등 자기 힘으로 건강해질 수 있는 방법을 몸에 익히는 데 사용하는 쪽이 실질적으로 삶에 더 도움이 된다. 보험이 있다 해도 병에 걸리면 즐거울 리 없다. 막상 보험료를 건강해지는 데 사용했더라면 좋았으리라고 생각하지 않을까. 현대인은 우선적으로 해야 하는 일들은 하지 않고 보험이나 제도에 기대어 안심하고자 한다. 그보다 먼저 자기 의지로 되도록 병에 걸리지 않도록 힘써야 한다.

그래도 걱정이 되는 사람이 있을 것이다. 그렇다면 만약의 경우에 적은 비용으로 생활할 수 있는 장소를 확보해두거나 보험에 들면 된다. 사실 보험보다도 형편이 어려워졌을 때 먹여주겠다는 농사 짓는 친구 등을 만드는 쪽이 더 의미가 있다. 아무리 신경을 써도 건강이 걱정되는 경우는 병에 걸릴 확률을 따져 생명보험에 가입하는 선택지도 있겠지만, 이것은 맨 마지막에 했으면 한다.

'형편이 어려워졌을 때 먹여줄 수 있다'라고 말해주는 친구를 얻으려면 자기 자신도 '이 친구가 어려워졌을 때 어떻게든 도와주어야 한다'라고 생각하는 친구가 되어야만 한다. 그러려면 활동을 통해 '동료'를 만들어야 한다. 그런 동료는 단순한 만남에서는 생기지 않는다. 파티 같은 데서 아는 사람을 많이 만들었다고 해서 동료가 느는 것은 아니다. 그런 의미에서 생업은 동료 만들기에도 좋다.

생업이 될 만한 일들은 손님이 스스로 집을 짓는 것을 도와주는 등 워크숍의 측면도 강하다. 곧 이런 일들은 손님을 의존하게 만드는 서비스가 아니라 자급력을 강하게 만들어주므로 동료를 만드는 데 적합하다(대신 화려하지 않고 소박하다).

생업은 생계를 잇는 일이기도 하므로 보험 같은 제도보다 더 안심이 되는 측면이 있다.

작고 소박한 나만의 생업 만들기

많은 돈을 받을 수 있는 연금이나 퇴직 후 자산이 1억 엔 정도 있어야만 여유로운 노후를 보낼 수 있다는 상식도 따져봐야 한다. 1억 엔이라는 숫자는 퇴직 후 고액의 치료비와 여가 비용이 많이 들 것을 전제로 삼고, 아무런 일도, 곧 사회적으로 공헌하는 어떤 활동도 하지 않는다는 것을 가정하고 있다. 하지만 부지런히 병원에 다니면서 사람들을 만나고 외식과 여행 말고 다른 선택지가 없는 생활은 안정되어 있긴 하지만, 사회와의 연결도 약하다. 소비 위주로 이루어지는 생활이 이렇다 할 충실감이라든가 우정을 낳지 못한다는 것은 1980년대의 버블이 이미 증명하지 않았나.

다만 후원 차원에서 돈을 쓰는 것이 몸에 배어 있다면 즐거울지도 모르겠다. 하지만 그렇게 하려면 돈만 있어서는 안 되고 결국은 정신적 여유를 가져다주는, 적은 비용으로 살아갈 수 있는 능력을 필히 갖추어야 한다.

금전적인 여유가 있어도 그 돈이 없어지리라는 공포를 이겨내는 사람은 많지 않다. 저축은 없지만 수입이 10만 엔, 지출은 5만 엔으로 매달 5만 엔씩 저축하는 시골 생활을 하는 사람과 저축이 2,000만 엔이지만 별다른 수입 없이 지출만 5만 엔씩 하는 사람이 있다면, 어느 쪽이 정신적으로 여유가 있을까. 당연히 전자다. '수전노(守錢奴)'라는 말을 종종 하는데 사람은 돈을 지키려 들면 지나치게 방어적이되는 경향이 있다. 늘 공격적일 필요는 없겠지만 완전 자급자족이라는 절대적 방어수단이 없는 이상, 언제든 공격 태세로 전환할 수 있는 준비를 해두면 마음에 여유가 생긴다.

예를 들어 연 수입이 1,000만 엔이라도 쓸데없이 생활 수준이 높아 평균치보다 많이 버는데도 생활에 여유가 없는 경우가 종종 있다. 지출을 통제하지 못하기 때문이다. 생활의 여유는 수입의 많고 적음보다 지출을 어떻게 하느냐에 달려 있다.

어쨌든 사람은 나이를 먹으면 적은 비용으로 생활을 유지해가는 다양한 방법을 익히는 법이다. 그렇다면 뭐든 돈이 든다는 것을 염두에 둔 생활과는 전혀 다른 식으로 살림을 꾸려가고, 상황에 따라 절약을 즐기거나 적으나마 꾸준히 돈을 벌 수 있는 방법을 마련해두어도 좋다. 충분히 여유가 있다면 다음 세대를 위한 후원자가 되어 보자. 돈에 대해서는 그런 정도의 여유로움을 갖는 것이 중요하지 않을까.

'금전만능주의'도 쓰잘 데 없는 생각이지만 '돈은 더러운 것'이라는 생각 역시 편견이다. 비용을 줄이는 방법이나 바람직하게 돈을 쓰는 방법을 찾아서 돈과 적절하게 거리를 두는 감각을 몸에 익혀두었으면 한다.

나는 건강을 위해 온천(공중목욕탕)이 있는 곳에 살면서 매일 목욕을 한 뒤에, 스모 선수들처럼 다리를 높이 올렸다 지면을 밟는 동작을 하면서 다리와 허리를 단련하고 있다. 컨디션이 나쁘다 싶은 때에는 태극권을 한다(가능하면 매일 아침 하고 싶지만). 비싼 생명보험에는 들지 않았다. 대신 전설의 라면 가게인 라멘지로는 가까이하지 않으려고 하고 있다. 혼자 다닐 때에는 에스컬레이터를 타지 않고 계단으로 다닌다. 쓸데없는 술자리에도 나가지 않는다.

여기 적은 것들을 반드시 따라할 필요는 없다. 생업식 생활을 하려면 자기 나름대로 적은 비용으로 생활하는 방식과 안전망을 고민했으면 한다.

이 장에서는 생업식 생활을 하기 위해 우선 쓸데없는 지출을 줄이고 지출을 통제하는 방법을 몸에 익히는 것에 대해 이야기했다.

이것만 실천해도 생활의 안정성이 충분히 높아진다. 언젠가 광고대행사에 근무하는 K씨가 '생업을 만들자' 워크숍에 참가했다. K씨는 밤늦게까지 일하고 스트레스도 많이 받는 생활에 지쳐 있었다. 하지만 워크숍에서 지출을 줄이는 방법을 배우고 실천하면서 별로 필요하지 않은 물건을 나누는 여유가 생겼고, 자신도 때로 필요한 물건을 얻게 되었다고 한다. 워크숍이 끝난 이후 다시 만난 K씨는 마치 다른 사람이 된 것처럼 빛났다. 회사를 그만두고 NPO(Non-Profit Organization : 영리를 목적으로 하지 않고 사회 각 분야에서 자발적으로 활동하는 시민단체—옮긴이)에서 일하면서 이전과 달리 세계 각지에 다양한 분야의 친구가 생겼다는 이야기를 들었다. 나도 회사를 다녔을

적에는 일이 너무 많아 한 번도 집에서 밥을 해먹지 못했고 친구도 늘리지 못했던지라, 자기 생활을 돌아보는 것만으로도 큰 변화가 생긴다는 것을 잘 알고 있다. 그래도 K씨의 변화는 참으로 놀라웠다.

현대 사회, 특히 도시는 '소비를 위한 장'이기도 하므로 어떻게 소비를 하게 만드느냐가 불철주야 연구되고 있다. 아무 생각 없이 지내면 나도 모르는 사이에 지출이 늘면서 그것들 하나하나가 발목을 잡는다. 생활에 여유가 없는데도 집에는 물건이 넘쳐난다. 돈을 주고 샀기에 물건을 내놓을 용기가 좀처럼 생기지 않기 때문이다. 하지만 K씨처럼 나누기 시작하면 의외로 받는 방법도 찾게 되고, 갖고 싶은 것을 얻기도 한다.

좀 관념적인 이야기이겠지만, 우리가 갖고 있는 물건은 소유하는 것이 아니라 그저 잠시 빌리는 것이라는 관점을 가지면 조금은 자유로워질지도 모르겠다.

다음 장에서는 드디어 하면 할수록 건강해지고 동료도 늘어나는 '생업'을 만드는 구체적인 방법을 이야기하려 한다.

작고 소박한 나만의 생업 만들기

○ 문제

학생 시절에 살았던 동네가 좋아서 도쿄로 취직을 하러 온 이후에
도 가끔씩 놀러가고 싶은데, 점점 재워줄 만한 친구가 없어지고 있
습니다.

호텔에 머무르기도 따분하고요.

뭔가 좋은 방법이 없을까요?

● 생업식 예시 답안

같이 쓰는 별장을 만드세요.

● 생업식 해설

어느 동네나 운치는 있지만 살기에는 좀 불편해서 인기가 없는 집
이 있습니다. 그런 집을 싸게 빌려 별장으로 만듭시다. 물론 일반적
인 별장으로 만들면 돈만 들 뿐입니다. 별장을 갖고 싶어 하는 사람
들을 모아 공동으로 사용하는 별장을 만듭니다. 이렇게만 해도 부담

이 줄어듭니다. 별장이 비어 있을 때는 손님에게 빌려줍니다. 손님은 일반적인 숙박을 하는 것이 아니라 일 단위로 임대한다는 계약을 맺습니다. 식사는 제공하지 않습니다. 손님이 오지 않을까 걱정되나요? 가능한 한 손님이 오지 않아도 크게 지장이 없는 선에서 임대료를 정해 빌려주도록 합니다.

최근 '에어비엔비'라는 숙소 임대 사이트가 인기를 얻고 있습니다. 여기에 별장 사진을 잘 찍어 소개글과 함께 올리면 손님이 올지도 모릅니다.

이런 집들은 대개 비어 있던 기간이 길기 때문에 손을 봐야 하는 곳도 많습니다. 수리도 직접 합시다. 집을 수리하는 방법을 익힐 좋은 기회이기도 하므로 즐겁게 머물 수 있는 공간이 되도록 자기가 할 수 있는 데까지 수리를 해봅니다. 강사만 구할 수 있으면 본격적인 집수리 강좌를 기획해도 좋을 것 같네요. 이것도 작은 생업이 될 수 있겠죠.

● 생업식 응용

교토에 있는 독채 임대 숙소 '고킨엔'은 학생 시절에 살았던 교토에 들를 때마다 머무를 데가 없어서 시작했습니다. 집 찾기는 만남과 같으므로 사람들에게 물어본다거나 다른 곳에서는 잘 다루지 않

작고 소박한 나만의 생업 만들기

는 물건을 취급하는 부동산에 가서 상담을 하는 등 다양한 경로로 알아볼 필요가 있습니다. 그러면서 일반 주택과 다른, 지하실이 딸려 있는 단독주택을 찾았습니다. 게다가 유명한 공중목욕탕이 근처에 있었죠.

처음에는 총 열다섯 사람의 공동별장으로 시작했지만 의외로 교토에 자주 놀러가지 않는 것을 깨닫고 나서 조금씩 탈퇴하는 사람이 늘어났습니다. 무슨 일이든 처음 계획했던 대로는 흘러가지 않지요. 이것이 전제입니다.

현재 주요 멤버는 세 사람이고 여행자들에게 더 임대할 수 있는 방법을 찾아보고 있습니다. 가족 단위로 한 달간 교토에 머무를 때 임대를 하거나, 스무 명은 모일 수 있는 공간이 있으므로 여행자들도 작은 이벤트를 열어 그 입장료 수입을 숙박비에 보탤 수 있도록 하고 있습니다. 얼마 전에도 고킨엔에서 젊은 천문학회 회원들이 출장 겸 숙박을 하며 우주에 관한 문화행사를 열었습니다. 그리고 저도 가끔 이곳에 머무르고 있습니다.

고킨엔은 제가 하고 있는 생업 중 꽤 진입 장벽이 높고 임대료도 부담되는 일에 속합니다. 이곳을 수리하면서 맹장지 바르기, 주방 설비, 마루 깔기, 그리고 콘크리트 블록 담 해체 기술까지 몸에 익혔습니다. 생업을 하면 계속 사용할 수 있는 기술을 얻게 됩니다.

제3장

생업을 만들자

미래를 내다보는 것

이제 생업이 어떤 것인지 대강 알았으리라 생각한다. 그렇다면 구체적으로 어떻게 생업을 만들면 좋을까. 이것도 매일 훈련을 해나가는 데서부터 시작한다. 급할수록 돌아가라는 뜻이다.

생업을 만들기 위한 기초 훈련은 크게 두 가지로 나눌 수 있다.

첫 번째 훈련 방법은 '미래를 내다보는 것'이고 두 번째 방법은 '일상생활에서 어딘지 이상하거나 자연스럽지 못하다고 느껴지는 부분을 찾아내는 것'이다.

첫 번째 방법인 '미래를 내다보는 것'은 연역적 방법으로서 누구나 장래희망을 써보는 것처럼 고전적인 방식이다. 단, 장래희망 같은 것은 너무 막연하니까 좀더 구체적으로 해야 한다. 내가 처음 이 방법을 써본 것은 고등학교를 졸업하고 일 년 동안 재수 생활을 할 때였다. 스프링 노트 표지 뒷면에 대학생이 되면 하고 싶은 일들을 될 수 있는 한 많이 적었다. 실현한 일도 있고 전혀 해보지 못한 일도 있지만, 그렇게 적어보면 '그렇구나, 이런 것들을 생각하고 있었구나' 하며 다시 확인할 수 있다. 그리고 나면 노트에 적은 것들을 실현하는 데 관련이 있을 법한 정보를 뇌가 제멋대로 모은다. 이 방법을 쓴 사람은 우연히 자기가 하고 싶은 일에 관한 정보를 알고 있는 사람을 만나면 직감적으로 그에게 물어보게 된다. 빗나갈 수도 있겠지만 어떤 행동으로 연결되는 것이다. 현대 사회에서는 멍하니 시간을 보내기 쉬운데 자기 나름의 미래를 내다보는 것은 좋은 훈련이 된다. 노트 표지 뒷면에 메모를 적는 것은 대학 생활 4년 동안 무엇을 할 수 있을까라는 '미래를 내다보는' 행동이다.

미래 예측은 과학 연구에서도 종종 사용된다. 이른바 '작업가설'이라고 불리는 방법이다. '우주는 이렇게 시작되었을 것이다' '이 생물의 구조는 이렇게 되어 있을 것이다' 라는 식으로 가설을 세우고, 이 가설이 맞는지 실험과 조사를 통해 알아본다. 가설을 제대로 세우지 않고 무턱대고 실험을 하면 좋은 결과가 나올 리 없다. 하나의 작업가설을 세움으로써 연관성 있는 실험을 반복하게 되고 한 걸음씩 진실에 다가가게 된다.

하지만 작업가설은 어디까지나 가설이므로 너무 얽매이지 않는

작고 소박한 나만의 생업 만들기

편이 좋다. 가설은 실험에 따라 부정되는 법이고 그러면 다시 고쳐 세우면 된다. 자기가 세운 작업가설에 매달리면 존재하지도 않는 유적을 만들거나 날조하게 되므로 주의해야 한다.

나는 자주 '별 쓸모없는 것'이나 '이런 게 있으면 좋겠다' 싶은 아이디어를 생각나는 대로 죽 적어보는 훈련을 한다. 포스트잇에 써서 붙여놓고 바라보며 비슷한 것들을 모아 분류한다. 낙서하듯이 써두었다가 정리해도 좋다. 중요한 점은 가벼운 마음으로 하기와 너무 무거운 주제를 다루지 않기. 일 때문에 치이거나 다급해져 있을 때에는 별로 좋은 아이디어가 떠오르지 않는다. 뭣하면 가볍게 술을 마시면서 해도 좋다. 혹은 온천이 있는 여관에서 하는 것도 재미있겠다. 단, 회의실에서 하는 건 권하지 않는다. 일상에서 빠져나오지 못하고 평범한 발상을 하게 되니까 말이다.

최근 나는 '스모 선수들이 하는 다리를 높이 올렸다 지면을 밟는 동작이 일본 고유의 신체 단련법으로 일부 사람들 사이에서 유행할 것'이라는 미래 예측을 하고 있다. 이것도 작업가설이므로 들어맞지 않아도 괜찮다. 하지만 이러한 작업가설을 세워두면 스모 선수가 하는 저 동작은 근육 트레이닝만으로는 안 되는, 몸 안쪽의 근육까지 단련하는 데 효과적이고, 좀처럼 부상을 입지 않는다는 등 여러 관련 정보가 들어온다. 아무것도 생각하지 않고 있으면 이런 정보를 보아도 기억에 남지 않을 것이다. 관련 정보를 기억에 새김으로써 자신의 생활과 생업 만들기에 도움을 얻을 수 있다. 또 일상에서 한 발 떨어져서 생각하기 때문에 뇌를 쉬게 하면서 장기적인 안목을 갖고 사안을 조망하는 것이 쉬워진다. 발밑만 보고 걸으면 걸려 넘어지니까 가끔은 멀리 바라보아야 한다.

하지만 예상은 의외로 잘 맞아떨어진다. 나는 대학에 다니던 2003년 즈음에 '훈도시(남성의 음부를 가리기 위한 폭이 좁고 긴 천—옮긴이)가 유행할 것'이라고 했다가 패션 업계 사람에게 비웃음을 산 적이 있는데, 2008년에 와코루(일본의 속옷 전문 브랜드—옮긴이)가 여성용 훈도시를 개발했다. 또 2009년 무렵 '생업 만들기' 참가자 가운데 '긴쓰기'(金継ぎ: 갈라지거나 깨진 도기를 옻으로 접착한 뒤 갈라진 금이 보이는 부분을 금으로 장식하는 수리 방법)에 주목한 사람이 있었다. 그후 2012년, '긴쓰기의 밤'이라는 이벤트가 신문에 실렸다. 또 2011년 2월에는 '원자력 발전소가 없어질 것'이라고 예상한 사람도 있었다. 이런 예상은 의외로 잘 들어맞는다. 잘 맞으면 자신감이 붙으니까 행동력이 높아진다. 이 또한 미래 예측 훈련이 낳는 효과이다. 빗나가도 상관없다.

SF를 만들어보는 것도 재미있다. SF 애니메이션에 나온 도구가 실현된 예는 꽤 많다. 〈신세기 에반게리온〉에서는 아이패드 같은 기기를 사용해 수업을 받지 않았는가. 여러분도 앞선 사람들의 가르침을 참고하여 자신만의 방법으로 미래 예측을 시도해보았으면 좋겠다.

놀이의 요소를 좀더 가미하여 참가자들이 전부 예언자 같은 차림을 하고 와서 다양한 예측을 발표하는 모임을 정기적으로 열어도 좋겠다. 이런 모임은 얼마나 재미있게 치를 수 있느냐가 관건이다. 결국 재미가 없으면 일상을 제쳐두고 일부러 실천하려 들지는 않을 테니까 말이다.

꼭 '이런 방법이어야만 한다'는 철칙은 없다. 그러니까 자기 눈과 귀, 혹은 피부로 '뭔가 벌어질 듯한' 것을 감지해내는 감각을 연마하는 것이 하나의 훈련이다. 그러려면 여유가 필요하다. 정신과 시간과 체력의 여유. 여유를 가지려면, 계속 이야기하지만 되도록 고정비용이 적게 들도록 생활해야 한다. 전력을 다하지 않고도 이것저것 해결해갈 필요가 있다. '전력을 다한다'는 것은 일종의 사고 정지를 뜻하기 때문이다. 가끔이라면 괜찮지만 매일 피곤에 지칠 때까지 있는 힘을 다하면 한 발 물러서서 사물을 바라보고 생각할 힘이 남지 않는다. 이래서는 위험하다.

미래 예측을 생업과 연결하기

미래 예측을 어떻게 생업 만들기와 연결시킬까? 구체적으로 생각해보자.

예를 들어 '훈도시가 유행할 것'이라고 예상한다면 무엇을 하면 좋을지 생각해본다. 이것이 첫 번째 단계다. 우선 직접 훈도시를 만들어도 좋다. 자기가 만든 것이 볼품없어도 상관없다. 솜씨가 좋고 나쁨은 관계가 없으며 만드는 것 말고도 할 일은 있으니까. 개점 휴업 상태인 전국의 훈도시 공방을 찾아내서 훈도시 편집숍을 열어도 좋다(임대료는 들겠지만). 혹은 훈도시 정도는 각자 만들자는 취지로 제작법을 책으로 정리하여 판매하는 것도 하나의 방법이다. 뭐든 독학은 힘들고 어려우니까 같이 모여 훈도시를 만드는 모임을 기획하여 참가비를 받는 것도 괜찮다. 아니, 그보다 전국의 훈도시 관련 정보를 모아 회보를 내고 월 회비를 받아서 계속 발행하는 것도 가능하겠다(금방 실현하기는 쉽지 않겠지만).

이렇게 훈도시 하나만 가지고도 여러 가지 형태의 생업이 가능하다. 어느 것이 실현될지는 잘 모르겠지만 뭐든 제품을 만드는 것만이 사업은 아니라는 점을 짚어두고 싶다.

또 생업에 어울리는 여러 방법도 생각해보자. '가게를 여는' 식의 방법 말고도 임대료 같은 고정 비용이 들지 않는 방법을 생각할 필요가 있다.

몇 가지 방법이 있겠지만 먼저 자기가 직접 훈도시를 만들어봐야한다. 자기가 사용해봐서 아, 이거 좋다 싶은 생각이 들지 않는다면 친구나 다른 사람에게 자신 있게 권하지 못할 테니까. 그렇다면 생업은 될 수 없다.

두 번째 단계는 자신이 생각해낸 일이 어떠한 가치를 갖고 있는가를 고민하는 것이다. 앞에서 말한 훈도시의 경우는 다음과 같이 생각할 수 있다.

만든다→쓸모 있는 물건을 만들어 공급한다. 다른 사람을 대신해 물건을 만든다. 다른 사람이 만들 수 없는 멋진 디자인을 생각한다.

판매한다→사람들 대신 물건을 선택해 운반한다.

책을 낸다→제작 방법을 연구하여 누구나 만들 수 있도록 정리한다.

매체를 운영한다→정보를 모아 공유할 수 있도록 한다. 같은 취미를 가진 사람들끼리 정보를 교환할 수 있게 한다(단, 웹매거진 등은 다른 일과 연계하여 하는 경우가 많으므로 단독으로는 생업이 되기 어려울지도 모른다).

워크숍 기획, 운영→사람들이 모여, 기술을 몸에 익힐 수 있는 장소와 기회를 만든다.

재료를 만든다→훈도시에 가장 적합한 천을 만듦으로써 훈도시를 만드는 사람들의 환경을 정비한다.

이렇게 자기가 생각한 생업의 아이디어가 본질적으로 어떤 의미를 갖고 있는지 검증하는 것이 두 번째 단계다. 이 작업을 거치면 생업의 서비스를 받는 손님 입장이 되어볼 수 있다.

첫 번째 단계에서 생각한 '만들어서 판다'는 것만으로는 무엇이 중요한지 빠트리기 쉽다. 생업의 아이디어가 어떤 의미를 갖는지 검증하면 무엇에 주력하면 좋을지 보인다. '만든다'는 것이 다른 사람들이 만들지 못하는 뛰어난 물건을 제공한다는 의미를 갖고 있다면, 힘을 쏟아야 하는 부분이 명확해진다. '대량생산되는 물건과 같아서는 안 된다' '다른 사람들과 똑같은 물건을 만드는 것은 바람직하지 않다' '소재도 쉽게 구할 수 없는 것으로 하고 싶다'라는 등 생업의 조건이 눈에 들어온다. 그런 다음, 자신 있는 기술이 무엇인지도 판단하여 어떤 아이디어를 채택할까를 결정한다.

나는 글을 쓸 수 있었기 때문에 '매체를 운영하는 것'이 적합해 보였지만, 이건 생업이 되기 힘들기 때문에 '워크숍 기획, 운영'을 택했다. 사람은 뭐든 다 잘할 수는 없다. 그래서 자신의 특기를 살리고 싶다고 생각하지만, 꼭 그것만 고집하다 보면 선택지가 매우 좁아진다. 자신이 잘하는 것에만 매달리다가 낭패를 보지 않도록 신경을 쓰면서 차근차근 검토해야 한다.

검증을 거치면 생업이 될 수 있는지 없는지 파악하기 쉽다. 예를 들어 지방에서 종종 화제가 되는 '특산품 개발'에 대해 검토해보자.

작고 소박한 나만의 생업 만들기

특산품을 제조, 판매한다→관광 기념으로 사거나 친구들에게 줄 선물이 될 만한 것.

기념품이라면 그 지방에서만 살 수 있는 독특한 것이어야 하지만 먹거리라면 '독특하다 해도 맛이 없으면 안 된다' '너무 희귀하면 평상시에 먹기 힘들고, 공급할 수 있는 양에 한계가 있다' '관광객이 쉽게 살 수 있는 것이 좋다' 등의 조건을 생각할 수 있다. 그러면 일본인은 점점 소식을 하는 추세이므로 '반드시 먹고 싶게 만들지 않으면 힘들겠다'라는 것을 알게 된다. 다른 물건도 마찬가지다. 오늘날 집에는 물건이 넘쳐나고 있기 때문에 웬만큼 좋은 물건이 아니면 안 된다. 이 두 번째 단계를 거침으로써 '특산품이 아니라 해도 정말 맛있는 것'이나 '그 지역의 분위기도 느낄 수 있고, 집에 가져가서 사용해보고 싶다는 생각이 들 만큼 괜찮은 물건'을 목표로 삼을 필요가 있음을 알게 된다. 멋진 포장만으로는 결코 충분하지 않은 것이다.

세 번째 단계로는 내가 선택한 생업의 가치가 실현된다는 증거를 모으는 작업을 해야 한다.

이것도 '훈도시를 만들어 판다'를 예로 들어 생각해보자. 디자인도 좋고 몸에도 편한 훈도시를 만드는 데까지는 도달했다고 하자. 자기가 입어봐도 손색이 없다. 그렇다면 다음은 어떻게 다른 사람들에게

이 멋진 훈도시가 필요하다고 생각하게 만들 것인가이다. 그렇게 하려면 근거가 필요하다. 사람들에게 뭔가를 추천할 때에 문자 메시지나 트위터로 멋있으니까, 좋으니까 해보라거나 사보라고 이야기할 수도 있지만 별로 효과적이지 않다. 처음 접하는 사람들은 뭐가 좋은지 알 수 없기 때문이다.

근거를 대는 것은 그렇게 까다롭지 않다. 대표적으로 사용 후기 같은 다른 사람의 평가일 수도 있고, 평가 이전에 일단 멋지게 찍은 사진도 근거가 될 수 있다. 사진이나 후기 외에 훈도시가 얼마나 편한 속옷인지 조사한 연구자료도 좋고, 역사적으로 왜 훈도시를 사람들이 택했는지 밝힌 이야기도 좋다. 아직 일반적인 속옷이 아니므로 훈도시를 만들기 전에 먼저 훈도시 자체의 장점을 보여주는 것도 도움이 될 수 있다. 거기에다 '왜 이 사람이 만든 것이 훌륭한가'를 알 수 있게 되면 일석이조다. 훈도시를 만들기까지 있었던 일들을 솔직하게 쓰는 것도 필요하다. 진지한 동기에서 만들어진 물건은 역시 신뢰가 가니까 말이다. 만약 부모님이 훈도시 공방을 운영하고 있다면, 공방의 역사가 보여주는 '신뢰와 성과의 창업 300년' 등도 근거가 될 수 있다.

이런 아이디어가 차례차례 쏟아지면 정말 멋지지 않을까. 그러기 위해서는 늘 하는 쇼핑도 관성적으로 하기보다 하나의 훈련으로 생각하면서 물건을 살지 말지를 주의 깊게 판단해보는 것이 필요하다.

작고 소박한 나만의 생업 만들기

세 번째 단계까지 마쳤다면 생업 만들기는 일단 끝이다. 이제 실행 단계에 들어간다. 이 과정은 이 과정대로 여러 가지 일들이 기다리고 있다. 하지만 세 번째 단계까지 해낼 수 있느냐가 첫 시험대가 될 것이다.

지금까지 이야기한 것이 기본적인 생업 만들기의 방법 가운데 하나다.

일의 본질 파악하기

두 번째 방법, '일상생활에서 어딘지 이상하거나 자연스럽지 못하다고 느껴지는 부분을 찾는다'라는 말은 바꾸어보면, '발밑을 보라'라는 뜻이다. 이것은 미래를 생각하는 게 힘든 사람들에게 적합하다. 사소한 것들을 포함하여 일상생활에서 자연스럽지 못하다고 생각되는 것들을 발견해낸 다음, 그것을 생업의 실마리로 삼는 귀납적인 방법이다. '왜 쓰레기가 이렇게 많을까' 하는 큰 문제에서부터 '즉시 써먹을 수 있는 능력을 갖춘 훌륭한 인재란 대체 어떤 사람일까?' '회사 회식은 필요할까?' '대학 등록금이 너무 비싼 것 같다' '대학 4년은 너무 길다' '좀더 깔끔하다면 이 목욕탕도 자주 이용할 텐데' '왜 큰 행사가 있으면 호텔 요금이 올라갈까?' 등 일단 일상에서 느끼는 의문을 많이 찾아본다.

좀 다른 방식으로 '왜'라는 질문을 많이 던진다'라는 것이 있는데 이것은 기존의 틀 안에서만 생각하게 되는 경향이 있다. 따라서 21세기 세계화 시대에 적합한 삶의 방식을 고민하는 생업식 사고방식으로서는 '왜'보다 '원래'를 늘 염두에 두고 의문을 찾아가는 편이 좋다. '왜 자동차가 안 팔리는가?'보다는 '원래 차를 이렇게 많이 팔 필요가 있을까?'를, '어떻게 하면 꿈에 그리는 내 집을 장만할까?'가 아니라 '원래 주택 대출이 필요할까?' 등을 생각해보자는 것이다.

'목조 교사(校舍) 웨딩'은 이러한 사고방식에서 얻은 생업이다. '원래 이렇게 비용을 많이 들이지 않고도 멋진 결혼식을 치를 수 있지 않을까'라는 의문에서 출발했다. 기존의 큰 서비스 산업도 처음에는 의외로 이런 작은 계기에서 시작되는 경우가 많다. 그때그때 형편에 따라 일이 될 만한 것들을 하다가 그중 하나가 들어맞아 나중에 '이러이러한 비전을 갖고 임하여 성공했습니다'라는 식으로 이야기되는 경우도 많다. 어쩌면 이 두 번째 방법이 더 힘을 발휘할지도 모르겠다.

'대학 등록금이 비싸다'라는 생각이 든다면, '원래 대학 건물이나 교수는 필요하지 않다, 각 방면에서 훌륭히 일하고 있는 이들을 일 년에 3주 정도 집중적으로 초빙하는 것만으로도 충분하며, 나머지는 학생들이 각자 좋아하는 활동을 실제로 해보면서 배운다'라는 새로운 형태의 대학을 만든다는 아이디어도 가능하다. 예를 들어, 연간 100만 엔인 등록금의 절반은 강사를 초빙하는 집중 강의 수업료로 내고, 나머지 절반은 직접 세계를 다녀본다든가 뭔가를 배우거나 만들어보는 활동을 하는 식으로 자유롭게 사용하는 대학이 있어도 좋을 것이다.

이런 방법으로 생업의 실마리를 찾았다면, 다음은 첫 번째 방법에서 이야기했던 첫 단계에서 세 번째 단계까지(미래 예측을 통해 나만의 생업 구상하기→내가 생각해낸 일의 가치 고민하기→내가 선택한 생업이 가치가 있다는 근거 찾기)를 순서대로 쫓아가면서 생업의 형태를 잡아가면 된다.

이 두 가지 훈련을 짬짬이 해둔다면 점점 생업의 실마리를 찾아내는 감각이 싹틀 것이다. 이것은 나날의 훈련과 시행착오가 만들어내는 것이기 때문에 즉각적인 효과가 있는 노하우는 아니다. '알고 나면 그만'인 것도 아니다. 그러므로 처음에는 실패해도 괜찮다. 그저 노하우를 수집만 하면 계속 새로운 노하우에만 손을 뻗을 뿐 좀처럼 변화가 일어나지 않으며, 마지막에는 피곤해질 뿐이다.

처음에는 대체로 잘되지 않지만 시행착오를 거치는 사이에 잘하게 된다는 전제를 이해하는 것이 중요하다.

생업의 실마리 찾기

지금까지 생업의 실마리를 찾는 훈련에 관해 이야기했다. 좀더 구체적인 예를 들어보자. 〈매트릭스〉(1999)라는 영화가 있다. 이 영화에 관한 에피소드를 통해 생업의 실마리는 아주 작은 것에 있다는 사실을 이야기하고 싶다.

근미래 SF영화인 이 작품에는 키아누 리브스라는 배우가 연기하는 구세주가 등장하는데, 그가 입은 검은 롱코트가 정말 잘 어울렸다. 여기에서 생업식 발상으로 중요한 것은 '좋아, 나도 롱코트를 입어야지'가 아니라 키아누 리브스 같은 체형이 아닌 내가 어떻게 하면 좋을까이다. 어디까지나 출발점이 다르므로 방법도 달라야만 한다.

나는 '저 롱코트에 대항하려면 기모노를 입는 수밖에 없다'라는 결론에 도달했다. 하지만 기모노를 갖고 있지도 않을뿐더러 만약 산다면 수십만 엔은 할 것이다.

이것 참 난처하다.

맞다. 이 지점이 중요하다. 난처함은 생업의 실마리다.

우선 몇 가지 조사를 해본다. 새 기모노는 비싸지만 중고는 골동품 박람회 같은 데에 가면 싸게 살 수 있는 모양이다. 자, 그렇다면 일단 골동품 박람회에 가보자. 일단 한 벌 사서 입어보는 거다. 입어보니 꽤 반응이 좋았다. 그러다가 사람들로부터 이런 중고 기모노를 어디서 사면 되느냐는 말을 듣는다 치면, 골동품 박람회에서 괜찮은 물건을 건져 사람들에게 팔아도 좋겠다는 식의 길을 찾을 수도 있다. 이것을 계속 발전시켜가면 생업이 된다.

난처함에는 생업의 실마리가 존재한다.

무언가 난처한 문제도 하나하나 생각해보면 반드시 길이 있다. 또 그 문제를 해결할 수 있다면 크고 작은 규모의 차이는 있겠지만 분명 자기 생업이 될 것이다.

계속 이야기하지만 기존과 다른 방법을 생각하는 것이 중요하다.

자격증 따기보다 장사를 권함

나는 열아홉 살 때 키아누 리브스에게서 받은 충격 이후, 대학을 다니면서 '늘 기모노를 입어야만 키아누 리브스에게 맞설 수 있다'라고 생각하고 기모노 벼룩시장을 열기도 하고, 개량 기모노를 개발하여 갤러리에서 전시, 판매하는 동아리를 만들기도 했다. 예전부터 환경 문제에 관심을 갖고 있었으므로 기후에 가장 적합한 옷을 입으면 냉난방에 과도하게 의존하지 않고도 살아갈 수 있으리라는 생각을 한 것도 이런 활동을 한 배경이 되었다. 기모노를 평상복으로 입고 다니면서 웃음거리가 되는가 하면, 갸루(영어의 girl에서 온 말로 구릿빛에 가깝게 화장을 하고 눈매를 강조하며 탈색 등 화려한 헤어스타일을 하는 독특한 패션을 추구하는 젊은 여성을 가리킨다—옮긴이) 같은 여대생에게 긴다이치 고스케(일본의 추리소설 작가 요코미조 세이시의 작품에 등장하는 사립 탐정. 늘 등산모자나 중절모 등의 모자를 쓰고 홑옷에 기모노 위에 입는 짧은 겉옷인 하오리 차림을 하고 다닌 것으로 묘사된다—옮긴이)냐는 놀림을 받기도 했다. 그래도 응원해주는 사람이 많았고 내가 기획한 것을 실행하면서 서툴지만 상품을 개발해, 시험적으로 판매하는 값진 경험을 할 수 있었다.

이런 것들을 하게 된 계기는 다 〈매트릭스〉 덕분이었다. 아무리 사소한 일이라도 생업을 만드는 계기가 될 수 있다. 일상에는 이런 실마리가 널려 있다.

나는 벼룩시장에 가서 인기는 없지만 입기에 적당한 기모노를 찾아 돌아다니거나 파는 생업 연습 같은 일도 실제로 해보았다. 이 기모노 장사는 친구들을 상대로 했기 때문에 값을 많이 깎아주기도 했거니와 물건을 찾는 데 들인 시간을 생각하면 시급 300엔 정도의 돈을 버는 데 그친 정도였다. 하지만 멋진 디자인의 기모노를 썩히지 않고 입을 사람에게 넘겨주는 것이 '일이 되고' '하나의 가치를 만들어낸다는 것'을 실감한 좋은 훈련이 되었다.

이렇게 한 개인이 자기가 책임지고 장사를 하는 것은 예로부터 인간의 기본적인 활동이었다. 하지만 나는 19년을 살면서 여태껏 이런 경험을 거의 해보지 못했다는 것을 중고 기모노 장사를 해보고서야 깨달았다. 단순히 시급으로 비교한다면 아르바이트 쪽이 낫겠지만, 조금이라도 시급을 더 주는 아르바이트를 찾는 것과 자기가 책임지고 가격을 결정하여 물건을 공급하는 체험은 차원이 다르다. 배트를 휘두르는 연습과 실제 시합만큼의 차이가 나는 것이다.

우리는 자영업, 곧 자기가 일을 만들어내는 것을 공도 제대로 다루지 못하는데 갑자기 축구 경기에 나가는 것과 같다고 생각한다. 오늘날 현대인들이 회사 생활이 너무 힘들어도 그만두지 못하고 어쩔 수 없이 살아가면서 건강마저 해치는 것을 옛사람들이 본다면, '왜 자기가 일을 만들어내지 않을까?'라며 깜짝 놀랄지도 모른다.

한때 투잡이니 부업이 유행하면서 무언가 사업을 하려고 했다가 잘되지 않아서 역시 장사는 어렵다고 하는 사람도 있겠지만, 그건 아니라고 생각한다.

연습을 하지 않으면 시합에서 이기지 못하는 것은 당연하다. 그러므로 우선 공을 다루는 것부터 시작해야 한다. '레버리지 효과'나 '지금 이걸 하면 성공한다' 같은 조금만 하면 금방 성공할 수 있을 듯한 이미지를 불러일으키는 책이나 정보에 혹하기보다 언뜻 소박해 보이는 '훈련'이 더 중요하다. 일단 해보면 어떤 것이 필요한 정보인지 저절로 알게 된다. 그렇게 파악하고 난 다음, 책을 읽는 정도면 충분하다. 다음 장에서 상세히 이야기하겠지만 뭐든 좋으니까 스스로 서비스를 생각하고 누군가에게 제공하는 것'을 해보면서 시행착오를 겪으면 된다. 중고 기모노를 팔러 다녀도 좋고, 구두닦이를 해도 된다(덧붙이자면 구두닦이는 괜찮은 일이 될 듯하다).

참고로 '인기 있는 자격증'을 따기 위한 공부는 권하고 싶지 않다. 인기 있는 자격증은 사실 경쟁이 심하다는 이야기나 마찬가지다. 게다가 자격이란 모두 같은 일을 할 수 있다는 증명이다. 많은 사람이 같은 일을 하는 업계는 그야말로 전투적인 사람들의 전쟁터와 같다는 것을 말한다.

전업화가 가져온 모순 파악하기

'프로'가 전업으로 하고 있기 때문에 재미가 없어지는 일을 찾는 것도 생업의 실마리를 발견하는 한 가지 방법이다.

결혼식 업계를 예로 들어보자. 전문 예식장과 피로연장에, 웨딩플래너도 있고 전문 사회자도 있다. 오늘날의 결혼식은 이웃 사람들이 모여 치르던 것보다 훨씬 화려하다. 하지만 그만큼 즐거워졌을까? 하객들도 분 단위로 짜인 스케줄대로 움직여야 하고, 어느 곳이든 비슷한 연출을 한다. 특히 신랑 신부와 여유 있게 이야기를 나눌 틈이 없다는 것이 안타깝다. 운이 나빠 같은 피로연장에 또 가게 되었을 경우, '슬슬 커튼이 열리겠구나' 싶으면 커튼이 열리는 기시감 넘치는 연출과 마주하는 예도 드물지 않다. 신랑 신부는 그저 피로연장 좌석 배치를 할 뿐이라 한다. 그런데 예산은 100만 엔에서 300만엔이다. 대체 누구를 위한 결혼식일까.

그렇다고 웨딩플래너가 제 할 일을 안 하는 것도 아니다. 피로연장은 언제나 예약이 꽉 차 있기 때문에 고객이 바라는 바를 들어주면서도 공간 회전율을 높여야 한다. 그래서 내용에 다양한 변화를 줄 수도 없고, 시간에 맞춰 이야기를 끝내는 전문 사회자가 있어야만 한다.

식장을 운영하는 데도 돈이 드니까 신랑 신부를 소개하는 간단한 영상을 제작하는 데도 십수만 엔의 옵션이 붙고, 꽃장식도 외부에서 반입하면 이익이 줄어드니까 외부 반입료를 받는다. 전문가가 하니까 실수가 없는 것이 당연하다는 인식 때문에 사소한 실수에도 항의가 들어온다. 웨딩플래너의 스트레스도 이만저만이 아닐 것이다. 이것도 결혼식이 전업화된 데 따른 모순이다.

그런데 생각해보자. 일 년에 한두 번만 결혼식을 치른다고 하고 어디까지나 여러 생업 가운데 하나로 정직하게 웨딩 사업을 하면 어떨까. 좌석 배치도 신랑 신부에게 책임을 떠넘기지 않고 서로의 실수를 감싸주면서 하면 꽤 즐겁지 않을까. 취지를 잘 이해해줄 만한 디자이너에게 청첩장 디자인을 의뢰하거나, 영상을 만드는 친구가 있으면 신랑 신부 소개 영상을 부탁하면 되고, 그런 사람이 없으면 무리해서 영상을 만들지 않아도 괜찮다는 식으로 신랑 신부에 맞추어 결혼식 내용을 짤 수 있을 것이다. 물론 이런 일들을 자신과 전혀 관계없는 타인들을 위해 해주는 사람이 '전문가'이겠지만, 전문가들이 개개인의 사정에 다 맞추는 것은 매우 힘들기 때문에 비싸게 요금을 책정하지 않으면 수지가 맞지 않는다. 그러므로 오늘날 웨딩 비즈니스는 패턴화에 힘을 기울인다. 이것은 이것대로 훌륭한 사업상의 노력이다.

하지만 나와 같이하는 사람들은 웨딩 사업을 생업으로 하고 있다. 어디까지나 일 년에 한두 번만 잘 맞을 만한 사람의 예식을 치른다면 그리 어려운 일이 아니다. 아니, 사실은 잘 맞는 사람은 일 년에 한두 명밖에 만나지 못한다.

잘 맞는 사람과 함께하면 결혼식 내용을 짜는 것은 즐거운 이벤트가 된다. 어른들이 하는 학예회 같은 느낌일지도 모르겠다. 곧 전적으로 즐거움을 추구하는 행사로 만들 수 있다. 그러면서 '전문가'가 절대 당해낼 수 없는, 의무를 넘어서는 노력과 아이디어가 생겨난다. 현대 미술계에서는 '아마추어의 발상이 가장 흥미롭고 전문가가 되면 관성에 빠진다. 아마추어의 발상에서 계속 힌트를 얻을 수 있는 작가가 오래 살아남는다'라는 이야기를 하는데, 이는 매우 중요한 점을 시사한다.

실제로 이런 웨딩 사업을 하면 역시 일이니까 힘든 점도 많다. 하지만 실력이 좋고 성격도 잘 맞는 디자이너 친구도 찾아보면 있을지 모르고, 이 결혼식을 계기로 사이가 좋아질 수도 있다. 잘 맞는 디자이너가 만드니까 규격화된 샘플에서 고르는 것과 다른, 개성 넘치는 청첩장을 만들 수 있다. 디자인 작업에서는 일을 의뢰하는 사람과 의뢰받는 사람 사이에 말이 잘 통하는가가 매우 중요한데, 생업 방식으로 일을 하면 이것이 저절로 실현된다.

생업을 통해 같이 무언가를 함으로써 사람 사이가 좋아진다는 중요한 사실을 깨달을 수 있다. 물론 반대로 사이가 나빠질 수도 있지만 그건 안타깝게도 인연이 아니기 때문이다. 단, 뭔가를 같이 해보지 않으면 서로 아는 사이로 그칠 뿐이고, 그 이상의 관계로는 발전하지 못한다. 사람들은 버블 경제를 거치며 아무것도 하지 않고서 사람 사이가 좋아지기란 매우 어렵다는 사실을 깨달았다. 버블 시대의 소비를 통해 생겨난 우정은 거의 없을 것이다. 그런 우정이 있다면 영화화되지 않았을까. 거꾸로 전쟁은 뜨거운 우정을 묘사하는 소재로 자주 선택된다. 같이 고생하면서 우정이 깊어지는 경우가 많으니까. 그렇다고 전쟁까지 할 필요는 없겠지만 말이다.

또 생업은 주변 사람들과 같이 일하는 것이 하나의 목적이고 불특정 다수를 대상으로 하는 일이 아니기 때문에 격심한 경쟁도 없다. 기껏해야 반 대항 이어달리기 수준의 경쟁이므로 사람과 사람 사이가 좋아질 조건으로는 나쁘지 않을 것이다. 교내 반 대항 경기에서는 우정이 싹트기도 하지만, 전제 군주제하의 권력투쟁에서 우정이 생겼다는 이야기는 별로 들은 일이 없는 걸로 보아, 어느 정도 신빙성 있는 이야기라고 생각한다.

또 결혼식 답례품을 자신이 주목한 젊은 작가에게 의뢰하는 것도 생업을 통해 동료를 늘리는 좋은 계기가 된다. 즐거운 행사를 체험할 수 있고 동료도 늘어나는 건 생업만의 특전이다. 소중한 답례품을 아무런 인연도, 관계도 없는 외국산 제품 카탈로그에서 고른다면 모처럼의 기회를 아깝게 날려버리는 게 아닐까.

○ 문제

웹사이트를 갱신할 때마다 일일이 다른 사람에게 부탁하는 건 낭비 같습니다.

적어도 사진을 바꾸거나 글을 수정하는 정도는 혼자서 하고 싶은데요, 역시 학원 같은 곳을 다녀야 할까요?

● 생업식 예시 답안

학원에 다닐 필요는 없습니다.
가르쳐줄 사람을 찾아보세요.

● 생업식 해설

분야에 따라 다르지만 학원 강의는 많은 사람을 모아놓고 하면서도 비싼 수업이 많습니다. 비즈니스이기도 하고 학원 건물과 설비를 준비하는 데도 비용이 들기 때문에 비싼 건 당연합니다. 책으로 독학을 하려면 무엇부터 시작해야 할지 암담합니다. 그렇다면 웹사이트를 만들 수 있는 친구를 찾아서 가르쳐달라고 합시다. 시간도 압도적으로 절약되고, 가르쳐주는 친구에게 직접 수고비를 줄 수 있습니다.

다 그런 것은 아니지만 많은 학원 수업이 그다지 실제적이지 못합니다. 그렇다면 내가 원하는 분야를 잘 아는 사람을 찾아서 직접 가르침을 받는 것이 확실합니다. 또 건물이나 설비 사용료로 돈을 쓸 필요도 없고 가르쳐주는 사람에게 직접적으로 성의를 표시할 수 있습니다.

● 생업식 응용

제가 맨 처음 한 생업인 '몽골 진짜배기 생활체험 투어' 사이트는 투어 취지에 맞는 사람들에게만 신청을 받으려고 보는 사람이 질릴 만큼 글을 많이 올렸습니다. 그래서 몇 번이고 글을 다시 썼고 그때마다 사이트를 수정해야 했습니다. 수정 사항이 생길 때마다 웹디자이너에게 메일을 보내자니 번거롭고 미안해서 HTML 정도는 스스로 익혀서 글을 직접 수정하기로 했습니다. 하지만 관련 지식이 전혀 없었기 때문에 책을 읽는다 해도 어디서부터 공부를 해야 할지 몰랐습니다. 독학은 정말로 효율성이 떨어졌습니다.

그래서 간단한 웹사이트는 만들어줄 수 있다는 젊은 웹디자이너를 찾아가 가르쳐달라고 부탁했습니다. 웹디자인 과외 선생인 셈이지요. 실제로 작업을 하는 사람에게 직접 배우면 꼭 필요한 것을 빠르게 배울 수 있습니다. 또 가르쳐준 디자이너에게는 새로운 사이트를 만들 때도 의뢰를 하면서 과외 이후에도 같이 작업을 하고 있습니다. 이런 것이 인연 아닐까요.

'실제로 어떤 일을 실천하고 있는 사람에게 현장에서 직접 가르침을 받는 것이 빠르고 확실하다'라는 생각은 '구마노 생활방식 디자인 스쿨—시골에서 장작가마로 굽는 빵가게 열기'라는 생업에도 그대로 적용하고 있습니다.

제4장

생업을 해보자

정보보다 중요한 현장 경험

제3장에서 본 것처럼 단계를 거쳐 아이디어를 내면 몇 가지 정도의 실마리로 생업의 형태를 만들 수 있다. 이것이 반드시 잘된다는 보장은 없지만 테스트를 해보는 전 단계로서의 의미는 충분하다.

자기가 선택한 생업이 가치가 있다는 근거를 모으는 세 번째 단계까지 갔다면, 자기 생업을 홍보하는 전단이나 웹사이트를 만들기에 충분할 것이다. 또 친구에게 알기 쉽게 설명할 수도 있을 테다. 모르는 사이에 꽤 진전을 이룬 셈이다.

이 단계까지 왔다면, 만나는 사람들에게 "앞으로 이런 일을 하려고 하는데요, 혹시 관심이 있으시면 꼭 한 번 찾아주시겠어요?"라고 권할 수 있다. 우선 여기서부터 시작한다. 실적이 없으면 세 번째 단계에서 말한 '근거'가 부족해진다. 그래서 우선 테스트를 해본다. 테스트가 끝나면 전단이나 웹사이트를 만들어도 괜찮다.

생업의 형태가 구체적으로 보이는 단계에 이르면, 일단 한번 실행해보는 것이 빠르다. 이거다 저거다 하면서 정보를 모으고, 시장조사며 기존 사례를 조사해도 실행을 하지 않으면 좀처럼 결정타를 날리지 못한다. 새로운 생업을 만든다는 건 여태까지 별로 체험하지 못했던 영역으로 뛰어드는 일이기 때문에 다양한 2차 정보를 모아도 어느 것이 내게 참고가 될지 판단하기가 어렵다. 2차 정보를 제대로 활용하려면 즉각 테스트를 해서 직접적인 경험을 쌓아야만 한다.

실행을 할 때는 정보를 잘 다루어야 한다. 정보는 정신에 필요한 음식이라고 생각하면 이해하기 쉽다. 좋은 음식도 너무 많이 먹으면 탈이 나므로 약간 모자라게 먹는 것이 좋다. 상한 음식(악의적인 정보)을 먹어도 탈이 난다. 가공식품(2차 정보)만 먹으면 몸에 좋지 않다. 가끔은 날것을 먹어야 한다. 인간의 두뇌는 무척 뛰어나기 때문에 정보를 대량으로 섭취해도 필요한 정보가 명확하다면 필요 없는 것들은 그냥 잊어버린다. 섭취는 기억으로 해석하면 된다. 필요하지 않은 정보를 잔뜩 기억하면 정신 건강에 좋지 않다.

생업을 실천하는 사람들은 1차 정보를 얻고 나서야 2차 정보가 생긴다는 사실을 꼭 기억했으면 좋겠다. 나는 범죄드라마를 좋아하는데 '현장에 단서가 있다' '범인은 반드시 현장에 돌아온다'라는 말을 기억해둘 필요가 있다.

현대 사회에는 정보가 넘치므로 필요한 정보를 언제든 손에 넣을 수 있(는 것처럼 보이)지만, 대부분의 정보는 누군가 기록한 것을 다시 가공한 2차 정보이다. 2차 정보는 제공자의 입장에서 해석한 것이거나, 일부러 수정한 정보일지도 모른다. 정작 나 자신에게 필요한 부분이 없을 수도 있다. 그러므로 아무리 많이 모아도 '이게 사실일까?' '긍정적인 정보와 부정적인 정보가 있는데 어느 쪽이 옳을까?'라는 의문이 생기고, 좀처럼 이거다 싶은 것을 발견하기 어렵다. 하지만 일단 한 번 실물을 보고 잘 관찰한다면 2차 정보의 내용을 그 배경까지 포함하여 잘 이해하게 된다. '아, 이 사람은 이런 점에서 실패했기 때문에 부정적인 이야기를 많이 했구나' '이 사람은 실제로 현장에 가지 않았기 때문에 이런 이야기를 하는구나' 등등 각 정보가 나온 배경이 보인다. 그러면 참고할 만한지 그렇지 않은지, 참고한다면 어떤 식으로 해야 하는지를 파악할 수 있다.

무엇보다 직접 보고 체험한 1차 정보는 자기가 실감한 것이기 때문에 행동을 하게끔 만든다. 예를 들면, 친구가 하고 있는 셰어하우스를 보고서 나도 할 수 있을 듯한 기분이 드는 것이다. 이렇게 이야기하면 하나하나 의식적으로 판단하는 것처럼 생각될지 몰라도, 되도록 1차 정보를 접하려 하다 보면 직감력도 길러지기 때문에 일일이 생각하지 않고서도 행동하게 된다. 그야말로 모피어스가 네오에게 싸움을 가르치면서 "생각하지 마. 깨닫는 거다"(영화 〈매트릭스〉, 1999)라고 말한 것과 같은 경지다.

1차 정보란 자신의 눈과 귀와 피부로 감지하고 관찰한 정보다. 산 정보라고도 한다. 그러므로 생업에서는 산 정보, 자기 체험, 살아 있는 사람에게 직접 들은 이야기, 자연 그 자체, 사람들의 행동을 현장에서 보고 실제로 해보는 것을 중시한다. 전문 연구자보다 현장에서 활동하고 있고, 정직한 마음을 가진 사람의 말을 신뢰한다(현장에서 활동하는 사람 가운데는 드물게 자기 경험만을 절대시하면서 강요하는 사람도 있으므로 주의해야 한다).

1차 정보를 얻는 것은 생각만큼 쉽지 않다. 실물을 볼 때도 그저 멍하니 보아서는 아무것도 남지 않는다. 예를 들어, 식물을 볼 때도 카메라가 있는데 왜 굳이 스케치를 하느냐 하면 스케치를 하는 쪽이 관찰력을 높여주기 때문이다. 나는 농학부에서 산림과학을 전공해서 늘 산에 다니면서 메모를 하거나 식물을 스케치하면서 이름을 외웠다. 사진을 찍으면 되는데 굳이 스케치와 메모를 한 것은 특징을 파악해야만 제대로 그릴 수 있고, 주의 깊게 관찰하는 눈을 기를 수 있기 때문이다.

누군가의 이야기를 들으러 갈 때도 이와 마찬가지로 '상대방이 감탄할 만한 질문을 한 가지는 꼭 한다'와 같이 무언가 자기 나름의 준

작고 소박한 나만의 생업 만들기

비를 해야 한다. 막연히 사람과 만나 이야기를 하면 얻는 것도 없고, 상대방도 또 만나고 싶다고 생각하지 않는다. 새로운 사람과 만나는 건 생각 이상으로 긴장감이 넘치는 한판 승부와도 같다. '일생에 한 번뿐인 인연〔一期一会〕'이라는 말이 있는 것처럼 말이다.

사람과의 만남에서는 살아 있는 사람에게 직접 이야기를 듣는 것이 중요하다. 그러므로 어떤 생업을 하고자 마음먹었다면 사이트나 전단을 만들기 전에 될 수 있는 대로 빨리 친구나 지인들에게 상담을 해야 한다. 1차 정보가 가장 강력한 힘을 갖고 있기 때문이다. 이 책도 초고가 완성되었을 때 신뢰할 만한 친구들과 중국의 시골집 같은 요상한 분위기의 중화 요리집에서 비밀리에 회의를 하면서 솔직한 의견을 들었고, 그 자리에서 나온 의견과 아이디어는 이 책을 구성할 때도 반영했다.

하지만 처음에는 되도록 긍정적인 의견을 이야기해주는 사람과 만났으면 한다. 뭐든 부정적인 이야기만 하는 사람이 꽤 있다. 아무런 성과도 없는 단계에서 이러니저러니 부정적인 의견을 이야기하는 사람과 맞닥뜨리면 곧장 의욕이 꺾인다. '이거 앞으로 잘 될까?' 싶은 단계에서 "그런 게 팔릴 리가 없잖아" "별 의미도 없어 보이는데?" "이러이러한 일이 일어나면 어떡할 거야?" "난 그런 데에는 돈을 쓰지 않을 것 같아" 등등의 말을 듣고서도 기가 꺾이지 않는 사람은 거의 신이라고 할 만한 생업 전문가다. 나는 안 산다, 너무 비싸다 같은 이야기만 하는 사람은 대개 남이 구상하는 생업 자체에 흥미가 없다. 어떤 가격을 이야기해도 비싸다는 이야기만 하니까 참고가 되지 않는다.

자신의 적극성을 소중히 해야만 한다. 현대 사회에서는 돈보다 귀중한 자산이 의욕이다. 잘 안 되는 공공사업을 보면 쉽게 알 수 있다. 아무리 돈이 있어도 할 마음이 없는 사람들이 모인 프로젝트는 쓸모가 없다.

자신의 생업에 대해 우선 친구와 지인들에게 직접 알리는 활동을 한다. 그런데 나는 몸이 하나뿐이므로 이런 일을 대신해줄 분신이 필요한 경우도 생긴다. 그것이 본래 광고의 역할이다. 하지만 안타깝게도 근 40년 동안 광고 업계는 과장된 연출로 상품을 멋지게 보이게끔 하는 데만 힘을 기울여왔다. 말하자면 이미지에만 관심을 쏟게 만든 것이다. 생업은 그런 광고가 필요한 상품과는 다르다.

생업을 광고하는 전단은 어렵게 생각하지 말고 처음에는 그냥 손으로 써도 된다. 어쨌거나 내 분신이니까. 어쩌면 판화로 전단을 찍어 한정된 몇몇 사람에게만 나눠주는 것이 좋을지도 모른다. 앞 장에서 이야기한 생업을 실천하고 있는 어떤 사람은 한 번 살아볼까 싶었던 산골 마을에 가서, 우선 자기가 할 수 있는 일을 쓰고 간략한 일러스트를 곁들인 손바닥만 한 전단을 나눠주었다. 그렇게 전단에

작고 소박한 나만의 생업 만들기

쓴 일을 하다가 풀베기, 전기미터기 검침, 목수 일, 농사 일 등을 부탁받아 일 년 생활에 충분한 수입을 벌 수 있었다고 한다.

시골에는 할 일이 없다는 상식을 단 한 장의 전단으로 깨뜨린 것이다. 장소에 따라 다르겠지만 일할 수 있는 젊은 사람이 없는 곳에서는 일을 부탁하려는 사람이 많다고 한다. 이것은 '고용'이 아니기 때문에 안정적이지는 않지만, 자기가 일을 더 만들거나 해볼 만한 일들을 조합한다면 생업식 생활방식을 구축하는 것은 생각만큼 어렵지 않다.

생업을 만드는 순서를 다시 한 번 확인하자. 우선 생업을 구상하고, 가까운 사람들에게 시험적으로 손님이 되어달라고 부탁하여 성과를 얻고, 그 성과에 관해 여러 사람들에게 이야기하면서 확실한 자신감을 얻은 뒤, 간단한 전단이나 웹사이트를 만들어 널리 알린다. 이것이 가장 적절한 방법이다.

적절한 가격의 기준

이때 가격을 어떻게 정할지가 신경 쓰인다. 앞으로 어떤 식으로 손님과 함께 내 생업을 키워갈까 하는 것을 기준으로 삼으면 된다. 부자를 상대로 한다면 그에 걸맞은 가격을 정해야겠고, 나와 같은 세대와 함께 생업을 키워가고 싶다면 그들이 지불할 수 있는 적절한 가격을 찾아야 한다. 또 일을 함께하는 동료들에게 적절한 몫이 돌아가도록 하는 것 역시 중요하다. 단, 생업식 생활을 추구하는 사람은 기본적으로 사람이 좋기 때문에(곧 전투적이지 않은 사람) 돈을 받는 것에 저항감을 느끼는 경우가 많다. 그래서 내 경험에 따르면, 자기가 생각하는 가격보다 조금 높게 매기는 게 적절하다. 늘 예기치 못한 비용이 들기에 너무 빠듯하게 가격을 정하면, 처음에는 괜찮을지 모르지만 계속해나갈 수 있는 시스템을 만들 여유가 생기지 않는다. 또 생업에 관심을 가질 만한 사람은 책정한 가격보다 더 많은 비용이 들어가는 창의적인 생각에도 도전하는 법이다. 그러니 초보자라 해서 너무 겸손하게 가격을 낮출 필요는 없다. 여유가 생기지 않는다면 생업을 지속할 의욕을 잃게 되고, 그러면 결과적으로 사회에도 손해다.

가격은 각자 자유롭게 매긴다. 생업 초보자는 '돈을 받으려면 이 정도는 해야 한다'라며 완성도를 중시하는 경향에 빠지기 쉬운데, 그러면 아무리 시간이 흘러도 생업을 시작하기 힘들다.

극단적으로 이야기하면, 어설프더라도 뛰어난 착안으로 여태까지 없었던 것을 제공하는 서비스가 완성도는 높지만 흔한 서비스보다 나을 때도 있다. 일본에서는 회사로부터 돈과 일을 제공받는 데 익숙해진 나머지, 일이란 '아귀가 딱 맞게끔 형식을 갖추는 것이 중

작고 소박한 나만의 생업 만들기

요하며, 실수가 없다면 더욱 좋다'라는 상식이 생겨났다. '아귀가 딱 맞게끔' 한다고 하지만, 그것은 일에 있어서 본질적인 사항이 아니다. 군이 그렇게 안 해도 되는데 엑셀이나 파워포인트로 자료를 만들어 시간을 낭비하는 경우가 많다. 제 역할만 다한다면 메모장도 괜찮고, 직접 그린 일러스트를 가지고 슬라이드 쇼를 하는 쪽이 이해하기 쉬운 때도 있다. 그런데도 많은 사람이 엑셀이나 파워포인트를 써야만 완성도가 높다고 운운하면서, 저런 것들을 사용하지 않은 작업은 내용도 제대로 보지 않고서 일단 안 된다고 평가하는 경우가 적지 않다. 이런 평가는 많은 사람의 생각에 영향을 미치기에 누군가 뛰어난 착안을 해서 일을 만들고자 할 때 발목을 잡는다.

쓸데없는 형식에 사로잡히거나 기존의 가치관을 따를 필요는 없다. 그런 경향이 지나치면 '사업을 하려면 반드시 법인을 만들어야 한다' '사무실을 차려야만 한다' '복사기를 사야만 한다' 등등 무의미한 상식의 노예가 되기 쉽다. 처음에는 사무실 없이 집에서 해도 괜찮다. 그러다 집이 좁아지면 셰어오피스 같은 곳을 빌리면 된다.

또 '돈을 받으려면 이 정도는 해야 한다'라는 생각은 종종 생업을 하는 당사자가 아닌 다른 사람들이 부담을 주기 때문에 생겨난다. 게다가 그런 부담을 주는 사람은 자기가 일을 만들어본 적이 없는 경우가 많다. 이런 것도 주의해야 한다. 자기 힘으로 일을 만들어본 적이 없는 사람은 미지의 영역에 뛰어들고자 하는 사람을 별로 곱게 보지 않는다. 그런 시선에 주눅들 필요는 없다. 불만이 있을 때에는 전액 환불해준다는 규정을 만들면 되니까. 우선은 실제로 도전해보는 것이 중요하다.

세계적인 인프라 활용하기

내 힘으로 처음 만든 생업은 '몽골 진짜배기 생활체험 투어'였다. '투어'라는 이름이 붙어 있기는 하지만, 실제로는 현지에서 모여도 되는 워크숍이므로 여행사에서 판매하는 상품과 다르다. 이 일을 시작하기 위해 여행사에서 일을 한 적은 없다. 생업을 시작하기 전에 반드시 회사 같은 곳에서 일을 배울 필요는 없다. 다양한 체험을 하면 자신도 모르는 사이에 경험이 쌓이니까 그것들을 조합하면 되기 때문이다.

여행사에 들어간다 해도 이 생업에는 직접적으로 도움이 되지 않을뿐더러 여행 업계의 관행에 익숙해지는 등 단점이 더 많을지도 모른다. 여행 업계에서는 호텔이나 기념품 가게에서 소개료를 받아 이득을 올리는 투어가 일반화되어 있다. 이렇게 문제가 많은 업계의 관행은 참고하지 않는 편이 나을 때가 많다. 좋지 않은 관행에 따라붙는 위험은 경계해야 한다. 일단 경험을 쌓고 봐야 한다고 종종 이

작고 소박한 나만의 생업 만들기

야기하지만, 이런 이야기에는 반드시 주의해야 할 점이 있다. 제2장에서도 이야기했지만 회사에 다니면 매일 그 회사의 상식을 접하게 되므로 방심하다 보면 감각이 금방 둔해진다.

나는 어떻게 몽골 투어 생업을 만들게 되었을까. 먼저 왜 몽골에 주목했느냐 하면, 대학 3년 내내 일 년에 일주일씩 몽골에 자원봉사를 간 것이 계기가 되었다. 그때 가끔 함께 활동하던 몽골의 지인이 여행자용 캠프를 운영하고 있었는데, 좋은 사람이었음에도 손님이 오지 않아 힘들어하기에 뭔가 도움을 주고 싶었다.

그 당시 나는 참여하고 싶은 투어가 없어서 자원봉사 형식으로 몽골에 가는 수밖에 없었다. 기존의 투어는 스케줄이 너무 빡빡한 데다 관광명소를 기념도장 찍듯이 돌아다니기만 해서 불만이 있었고, 이건 이동이지 여행이 아니라는 생각이 들었다. 게다가 나는 현지의 생활과 문화에 관심이 있어서 관광지를 둘러보는 것보다 현지 사람들처럼 생활해보고 싶었다. 하지만 어떻게 해야 좋을지 모르는 상태에서 대학을 졸업하고 말았다.

그렇게 불만이 계속 쌓이면서 나도 모르는 사이에 생업의 준비를 하게 된 것 같다. 투어에 담을 내용은 금방 정해졌다. 한 곳을 거점으로 삼고 거의 이동하지 않으면서 유목민의 생활을 고스란히 체험하는 것. 그렇게 하여 일반적인 투어가 아닌, 현지에서 모여도 괜찮은 몽골 유목민 워크숍이 이루어지게 되었다.

투어를 계획했을 때 이미 몇 번 몽골에 다녀왔으므로 대강의 밑그림은 다 그려진 상태였다. 문제는 이것을 어떻게 실현시킬까였다. 하나하나 구체적으로 계획하다 보면 내 힘으로 할 수 있는 것과 할 수 없는 것을 깨닫게 된다. 협력해줄 여행사를 찾을 필요도 생기고 현지에서는 말[馬]보다 도시에서 다니는 자동차가 더 위험하다는 것 등의 주의사항도 알게 된다. 나머지는 하나씩 해결해가기만 하면 되었는데, '과연 참가자가 모일까' 하는 게 가장 걱정이었다.

이것만큼은 직접 사람들을 모아보지 않으면 알 수 없다. 참가자가 없으면 안 하면 그만이다. 그러니 몽골 생활체험 투어와 같은 생업은 재고를 떠안을 위험은 없다. 생업 초보자는 될 수 있으면 재고가 남지 않는 일부터 도전해보라고 권하고 싶다.

참가자를 모을 때는 생업을 막 시작한 사람의 입장에서는 이거다 싶은 좋은 방법이 없다. 당시는 2007년이었는데 사회관계망서비스(SNS)는 믹시(mixi: 2004년에 서비스를 시작한 일본의 사회관계망서비스—옮긴이) 정도만 있었고 페이스북도 트위터도 없었다. 그래서 인터넷을 통한 공지는 관련 단체나 내가 다니고 있던 교육원 홈페이지에 간략한 투어 소개 페이지 링크를 걸기도 하고, 내 블로그에도 알리고, 믹시에 커뮤니티를 만들기도 하면서 우선 할 수 있는 것들을 했다. 공지를 낸 곳마다 한두 명만이 반응을 보였지만, 그런 곳이 다섯 군데면 열 명의 반응을 얻을 수 있다. 이건 그다지 어려운 일이 아니

작고 소박한 나만의 생업 만들기

다. 또 사람들에게 이야기하고 알리는 것도 반응을 직접적으로 들을 수 있으므로 최소한 한 번 정도는 하는 편이 좋다.

'몽골 진짜배기 생활체험 투어'의 경우에는 친구의 친구까지 참여할 수 있는 좀 큰 규모의 송년회를 몽골 음식점에서 열어, 본격적으로 술자리가 있기 전에 올해 여름에 몽골 진짜배기 생활체험 투어를 하고자 한다고 짧은 설명회를 가졌다. 이 자리에서 즉시 참가를 결정한 사람은 없었지만 꼭 가보고 싶다는 사람과 만나게 되었다. 설명회를 하기 전에는 '재미있으리라는 확신은 있지만 과연 사람이 모일까' 하는 불안한 마음이 있었는데, 직접 사람들의 반응을 들으니 초보자의 입장에서 큰 힘이 되었다. 아무리 인터넷이 효율적이라 해도 직접 자기 생업을 이야기할 기회를 가지면 좋은 경험이 되므로 이를 적극 추천한다.

요즘에는 세계 각지에서 나온 좋은 서비스가 많아 생업을 하기에 꽤 편해진 듯하다. 특히 웹서비스 분야는 전 세계를 대상으로 하는 것이 많으므로 지금까지는 생각할 수 없을 정도로 싼 수수료를 내고 다양한 서비스를 이용할 수 있게 되었다. 신용카드는 영세 기업이 도입하기에는 비용이 부담스럽지만, 페이팔(PayPal: 인터넷에서 매우 낮은 수수료로 결제를 할 수 있다)이라는 서비스도 나왔고, 직접 만든 물건을 판매하고자 할 때에는 엣시 사이트도 있다. 또 비어 있는 집을 숙소로 빌려주고 싶으면 에어비엔비라는 사이트를 이용하면 된다. 어느 사이트든 수수료는 3~15퍼센트 정도이다. 사용하기 좋은 인프라를 갖춘 데다 수수료도 싼 이런 사이트들은 개인이 자기 일을 만들 기회를 갖게 도와준다.

세계화의 한 현상으로서, 세계 어디서나 같은 서비스를 공유하며 수수료도 싼 웹서비스들이 나오면서 많은 사람들에게 가능성이 열리고 있다. '생산수단의 사회화'는 사회주의자들이 내거는 말처럼 여겨졌지만, 의외로 이렇게 세계화된 자본주의의 일부로서 실현되어가고 있는지도 모른다.

'몽골 진짜배기 생활체험 투어'는 힘들어하고 있는 사람을 돕고 싶어서 시작했다. 3장에서도 이야기했지만 일이란 자신의 강한 의지에서도 생겨나지만, 의외로 우연하게 만들어지는 경우도 많다. 중요한 것은 그런 우연한 계기를 받아들이는 순발력과 여유다. 세상에서 말하는 큰 각오는 불필요할지도 모른다. 늘 최선을 다하면 여유가 생기지 않으니 매일 지치지 않도록 자기 생활을 돌보는 것이 생업 만들기의 기본이다.

생업을 키워나갈 때는 반드시 참가자나 손님의 후기를 듣는 것이 중요하다. 이것은 다음에 참가할 사람들에게도 참고가 되고, 무엇보다 내가 의식하지 못한 내 생업의 특징을 깨닫는 기회가 되기도 하기 때문이다. 내 생업의 장점은 내가 잘 알 수도 있지만 참가한 사람들이 가르쳐주는 경우도 많다. 그렇게 몇 번 하는 사이에 내 생업의

작고 소박한 나만의 생업 만들기

선순환 구조를 만드는 것이 중요하다. 몽골 투어의 경우에는 "투어 내용도 마음에 들었지만, 참가자들이 다 재미있는 사람이었다는 점이 좋았다"라는 후기가 있었다. 이 후기를 듣고서 나는 '평소에는 만날 일이 없지만, 만났을 때 서로 재미있다고 생각되는 사람들끼리 우연히 몽골에서 같은 체험을 한다'라는 것이 내 생업의 특징임을 깨달았다. 그후로는 '여행은 혼자 떠나 자신과 마주하는 것이 본질이며, 그렇지 않은 것은 가짜다'라는 비판에도 흔들리지 않게 되었고, 참가자가 다양하다는 점이 좋은 결과를 가져오게끔 투어 홍보를 하는 데 더 신경을 쓰게 되었다.

전업을 피하고 작고 다양한 일 조합하기

지금까지 살펴본 생업식 생활은 작고 다양한 일을 만들고 조합함으로써 생활방식을 디자인하는 것이었지만, 아직까지는 위험이 크고 실험적으로 보이는 듯하다. 여기서 전업(한 가지 일)과 겸업(여러 가지 일)의 차이를 살펴보면, 사실은 전업 쪽이 훨씬 위험이 큰 생활방식이라는 것을 알게 된다.

지금은 변화가 극심한 시대라 경기의 변동이나 기술 혁신 등에 따라 어떤 일은 일자리가 급격히 줄어들거나 심지어는 일 자체가 흔적도 없이 사라지기도 한다. 경기 변동을 예로 들면, 2008년에 일어난 리먼 쇼크로 무너진 회사도 많았고, 이는 다양한 분야에 영향을 끼쳤다. 유럽에서는 한때 패션에 관련된 일이 급격히 줄어들면서 유럽의 패션 사진작가들이 일을 하기 위해 일본에 오기도 했다고 한다. 일본에서도 부동산 관련 회사의 채용이 취소되는 일이 일어나기도 했다.

전업을 하면 이러한 돌발적인 사태에 대응하기가 힘들다. 또 앞으로는 한 업계 전체가 무너질 수도 있다. 그렇게 되면 개인의 노력으로는 도저히 어떻게 해볼 수가 없다. SONY와 NEC(일본의 통신, 전자기기 종합회사—옮긴이)는 내가 대학생이었던 2004년에는 인기 있는 기업의 대명사였지만, 2012년에는 수천 명을 정리해고해야 하는 지경이 되는 등 짧은 기간 동안 큰 변화를 겪었다. 내가 입사 지원을 했다가 떨어진 산요전기 같은 경우에는 합병되어 이름마저 사라지고 말았다. 또 2004년 즈음 인기가 있었던 취업정보 업체 와이큐브에도 지원했는데, 2012년이 된 지금 와이큐브는 이미 존재하지 않는다.

전업으로 회사에서 일하면서 다른 곳으로 이동하지 못하는 사람은 이러한 변화에 적응하는 데 어려움이 많은 듯하다. 특히 일본 기업에서 요구하는 능력은 그 회사에서만 통용되는 경우가 많아, 어떤 회사에서 유능했더라도 다른 회사에서도 반드시 능력을 발휘한다고는 할 수 없다. 그 결과 자기 일이 회사와 운명을 같이하게 되는 경우

작고 소박한 나만의 생업 만들기

가 많다. 곧 회사가 잘 되느냐 망하느냐에 자기 인생이 달려 있다는 뜻이다. 이것은 꽤 큰 위험요소라고 할 수 있다. 대기업 직원은 머리도 좋고 유능하다고 생각되지만, 업계 전체의 구조가 변하거나 회사의 구조에 문제가 있을 경우, 각 개인의 노력으로는 어떻게 할 수 없는 면이 있다.

전업으로 일하면 한 가지 일에만 집중하기 때문에 일을 얻으려면 때로는 이상적이지 않은 방법을 써야 한다는 것도 큰 문제다. 전업은 한 분야의 일로 먹고살아야만 한다. 그러면 일에서 이상(理想)을 추구하는 것이 어려워진다. 이른바 '라이스워크' 문제다. A라는 일의 크기를 10으로 보았을 때 모든 부분을 이상적으로 해내기란 힘들다. 그래서 많은 부분이 먹고살기 위해 해야만 하는 것의 형태를 띠기 쉽다. 먹고살기 위해 하는 일의 폐해는 앞서 이야기했기 때문에 반복하지 않겠다. 만약 여러 가지 일을 한다면 A라는 일의 크기를 4로 줄여 그 본질을 추구할 수 있다. 본질을 추구하면 그것만으로는 수입이 부족할 것이다. 하지만 그 외에도 B라는 일을 4, C라는 일을 2로 하는 식으로 분산하면 되니까 각 일의 본질에 집중할 수 있다. 가령, 저널리스트가 압력에 굴복하지 않고 당당히 보도를 하려면, 일거리를 받지 못하더라도 어떻게든 생활해나갈 수 있는 일이 있으면 가능하다.

전업이란 한 가지 작물에만 의존하는 농가와도 같다. 작물 시세가 떨어지면 그 영향을 고스란히 받을뿐더러 흉작 때는 내가 먹을 것도 없게 될 만큼 불안정하다. 게다가 매일 같은 작물만 보고 있으면 지겹지 않을까. 역시 쌀농사도 하는 한편, 밀이랑 호박도 키우고 때로는 낚시도 다니는 편이 즐겁다. 몽골에서도 이렇게 한다. 유목민들은 염소·양·소·말·낙타를 골고루 길러왔다. 이것이 유목민 생활의 묘미이자 기술이다. 그런데 사회주의 시대에 효율화를 꾀하면서 각 가정마다 어느 집은 양만 기르고 어느 집은 염소만 기르라는 식으로 지정했다. 그래서 유목의 묘미가 사라지고 다양한 종류의 동물을 같이 기르는 기술이 약화되고 말았다.

한 가지 일만 해서 생활비를 벌면, 다른 일은 신경을 쓰지 못하거나 희생을 감수해야 하는 입장에 놓이기 쉽다. 쌀만 재배한다면 이를 못 팔 경우 굶어죽기 때문에 값을 후려쳐도 불만을 말하기 힘들다. '그 가격에는 팔 수 없다!'라고 화를 낼 수 있는 환경을 갖춘다면, '쌀은 안 팔겠다. 대신 어려운 학생들에게 쌀을 지원하겠다'라고 할 수도 있다. 물론 무엇을 할지는 자기가 궁리하기 나름이다.

다른 한편, 여러 가지 일을 하는 것을 목표로 삼는 생업식 삶은 생활과 관계된 여러 가지 서비스를 자급한다는 의미에서 사실 꽤 안정을 지향하는 생활방식이다. 여러 가지 일을 한다는 것 자체는 지금까지 본 것처럼 그다지 새로운 사실도 아니고, 옛날 일본에서는 당

작고 소박한 나만의 생업 만들기

연한 것이었다. 또 내가 글을 썼던 『증간 현대농업』이라는 잡지에서는 2000년대 초부터 '여러 가지 일'이나 '일이면서 놀이이기도 한 일. 양봉이나 은어낚시처럼 생활에 도움이 되지만 완전한 노동이라고는 할 수 없는 일'에 대해 계속 이야기해왔다.

생업의 주 목표는 '자기 힘으로 만들고, 무리가 가지 않는 규모로 하며, 하면 할수록 머리와 몸이 단련되고 나아가서는 동료가 늘어나는 일'을 만드는 것이다. 너무 애를 써서 매출을 올리지 않는 것이 중요하다. 힘들여서 매출을 올리면 힘을 들이지 않았을 때는 매출이 떨어진다. 맥이 빠진다. 그래서 다시 힘을 들인다. 운이 나빠 매출이 오르지 않으면 또 맥이 빠진다. 좋은 게 전혀 없다.

마찬가지로 처음 도전할 때는 너무 구체적인 목표는 세우지 않는 게 좋다. 계획대로 잘 풀리지 않으면 기분이 나빠지고 부담이 커져서 또 쓸데없이 스트레스를 받는다. 이러다간 도대체 무엇을 위해 사는지 알 수 없게 되고 만다. '높은 목표를 세우자!'라며 직원들의 사기를 올리려는 경영자가 꽤 있는데 직원들이 녹초가 되기 때문에 그만두라고 말하고 싶다.

또 지나치게 애를 쓰다보면 전업으로 하고 싶어진다. 그러면서 즐겁게 했던 일이 하고 싶지 않은 일이 되는 경우도 있다. 그 결과 매출을 올리는 것만 목적이 되어 긍정적이지 못한 쪽으로 빠질 위험이 커진다.

'몽골 진짜배기 생활체험 투어'도 일 년에 두 번 정도만 가기 때문에 즐겁게 계속하는 것이다. 이것을 전업으로 한다면, '매달 몽골에 가야 하나' 싶은 생각이 들면서 무리가 따를 것이다. 질리고 체력적으로도 힘들고 참가자를 많이 모아야 하므로 잘 맞지 않는 사람도 오게 되어 스트레스도 커진다. 별로 좋은 점이 없다. 전업화에 따르는 부작용은 여러 분야에서 일어나고 있는데, 앞에서도 이야기했듯이 결혼식이 그 한 예다.

거꾸로 이야기하자면, 전업화에 따르는 부작용이 생기는 분야는 매우 많으므로 그런 분야에서 여러 가지 일을 하는 식으로 부작용을 없애는 방법이 있다면, 그것이 곧 생업이 된다. 생업의 실마리는 얼마든지 있다.

다도(茶道)에는 프로(전업으로 일하는 사람)도 있지만, 어디까지나 다도를 가르치면서 생활하고 차를 마시는 모임 그 자체로 돈을 버는 사람은 없는 듯하다. 이것은 진정한 접대는 전업으로 삼아 장사를 하는 것이 아니라는 사실을 깨닫게 하는 예다. 지금은 뭐든 전문가를 예찬하는 풍조가 있지만, 전문가에게는 전문가의 한계가 있다는 사실을 알아두는 것도 일을 객관적으로 파악하는 데 중요하다.

생업 만들기 전 단계로 일단 지출이 큰 부분을 자급할 방법이 없는지 찾아보고 실천한다. 그러면 분명 기술이 몸에 익는다. 가장 지출

작고 소박한 나만의 생업 만들기

이 큰 것은 집세나 집값일 텐데, 그보다 훨씬 싼 비용으로 집 짓는 기술을 익힌다면 자신의 의지로 통제할 수 있는 서비스의 범위가 커지게 된다.

물론 갑자기 집을 짓는다 해도 과연 어떻게 해야 하는지 짐작이 가지 않는다. 모든 일이 그렇지만 갑자기 골인 지점에 다다를 수는 없으니까 작게 나누어서 하나씩 요리해보자. 예를 들어 '마루 깔기'(일본의 오래된 단독주택은 거실, 복도, 방바닥 자체를 흙이나 콘크리트를 사용하지 않고 마루로 깐 경우가 많다. 곧, 여기서 말하는 '마루 깔기'란 집의 바닥 시공을 의미한다—옮긴이)로 한정해보면 어떨까. 이거라면 할 수 있겠다는 생각이 든다. 생각은 그런데 '마루를 깔 수 있느냐'라는 질문에 '예!'라고 대답할 수 있는 사람은 몇이나 될까. 의외로 적을 것이다. 소셜 디자인이니 세계동시혁명이니 노동이란 무엇인가 등등 어려운 문제를 고민하면서도 우리는 마루를 깔아본 적조차 없다.

이래서는 곤란하지 않은가.

생업을 실천하는 사람으로서 우선 마루 깔기를 통해 사회를 생각해보자. 마루 깔기를 생각하다 보면 의외의 사실을 알게 된다. 일본은 습도가 높기 때문에 빈집이 되면 습기가 차서 마루가 못 쓰게 되는 경우가 많다. 마루가 상하면 집이 한층 더 삭막해 보인다. 부동산의 가치는 분위기도 한몫하기 때문에 일단 분위기가 퇴락하면 가치도 떨어진다. 그러면서 방치된다. 경관도 해치기 때문에 집주인이라면 빈집으로 놔두기보다 싼 임대료로 세를 놓으려 할 것이다. 하지만 돈은 들이고 싶지 않아서 세입자가 수리를 한다는 조건으로 마루든 뭐든 그 상태 그대로 임대하려는 사람들이 많다. 만약 직접 마루를 깔 수 있다면 수십만 엔은 절약할 수 있다. 게다가 일본에 빈집이어느 정도인가를 조사해보았더니 전체 주택의 약 13.1퍼센트, 임대용 주택은 18.9퍼센트라는 사실을 알 수 있었다. 빈집이 많은 현은 30퍼센트에 가까운 경우도 있고, 20퍼센트를 넘는 곳도 있다. 마루를 깔 만한 곳이 전국에 얼마든지 있다는 얘기다.

마루 깔기만 익힌다면 마루는 상했지만 골조는 튼튼한 집을 찾아직접 수리를 해서 20만 엔도 안 들이고 집을 얻을 수 있을지 모른다. 그렇다면 집이 남아도는데도 불구하고 대출을 받아 인생의 30년을 집과 맞바꾸게 되는 진짜 이유는 과연 무엇인지 생각하게 된다. 이렇게 되면 생업을 실천하는 사람으로서는 마루를 깔 수밖에 없다.

'인간은 두 종류로 나뉜다. 마루를 깔 수 있는 사람과 깔 수 없는 사람으로.'

동료가 주는 힘

이런 일들을 혼자서 한다면 산속에서 혼자 자급자족하며 사는 도

인처럼 된다. 보통 사람이 이런 도인이 되기는 힘들다. 나를 비롯해 생업을 실천하는 사람은 다양한 사람들과 함께 기술을 익혔으면 싶다. 생업은 완전 자급자족도, 생활보다 이익을 우선으로 하는 자본주의 경제 안의 전투적 경쟁도 아닌, 그럭저럭 벌면서 먹고사는 생활방식이 목표다.

혼자 마루 깔기를 익혀도 되지만 여기서 '마루 깔기 특별강좌'(2012년 3월 개강)를 기획하고 딱 적절한 인원만 모아 강좌를 연다. 너무 사람이 많아도 실습을 하기에 번잡하고, 사람이 적으면 강사를 초빙할 수 없다.

적절한 인원으로 진행하면 의욕도 잘 유지된다. 무엇보다 빨리 익히는 사람이 다른 사람에게 가르쳐줄 수 있다. 어떤 기술을 익힐 때는 좋은 선생님도 필요하지만 마지막에는 같이 배우는 사람끼리 서로 가르쳐주는 것이 가장 큰 위력을 발휘한다. 가르쳐주는 사람도 좋은 공부가 되고, 가르침을 받는 사람도 얼마 전까지만 해도 아무것도 몰랐던 사람의 의견이 가장 친숙하게 느껴지는 법이다. 완전히 숙달된 전문가는 자신의 초급자 시절을 기억하지 못하니까 어느 부분을 가르치면 좋을지 잘 모른다. 그런 의미에서도 동료들끼리 기술을 배우는 의의가 있다.

내가 자란 가가와 현은 시골이라 예비교(각종 시험에 대비하기 위한 수업을 하는 상업적 교육시설. 특히 대학 입학시험에 대비하기 위한 곳들을 말한다— 옮긴이) 같은 것이 별로 없었는데, 보습과라 해서 10만 엔 정도 수업료를 내고 공립고등학교에 일 년 더 다닐 수 있는 고마운 제도가 있었다. 여기에서도 같은 반 친구들과 모르는 부분을 서로 가르쳐준 게 가장 도움이 되었다. 이것도 지금 생각하면 교육의 자급이다. 반드시 비싼 예비교에 다녀야만 공부를 할 수 있는 게 아니다. 덧붙이자면, 여기에는 청소 시간도 있고 일주일에 한 번 체육 시간도 있었으며 교복을 입고 다녔다.

기술을 배울 때 혼자서 하지 말고 여러 사람과 같이하면 자기 주변에 마루를 깔 수 있는 사람이 많이 생긴다. 이건 큰 장점이다. 마루를 깔 때 어려워하는 사람이 생기면 자신을 비롯해 여러 명이 도와줄 수 있기 때문이다. 무엇보다 공동으로 작업하면 서로 사이가 좋아진다. 마루 깔기를 통해 얻은 동료는 다른 일도 서로 돕는다.

마루 깔기 특별강좌가 끝나고서도 조금 고민을 하면, 이 강좌를 일회성 행사로 끝내지 않고 발전시킬 수 있다. 내 경우에는 '전국마루깔기협회'라는, 놀이 8에 생업 2 정도인 협회를 만들었다. 디자이너라는 명칭처럼 마루를 깔 수 있는 사람을 해터(Hatter)라고 부를 생각이다. 그러니까 이건 놀이다. '전국마루깔기협회'는 마루 깔기 외에는 하지 않는다(할 수도 없다). 대신 회원 각자가 하고 있는 여러 가지 일 중의 하나로 취급한다.

거의 동아리 같은 분위기이지만 정기적으로 '마루 깔기 특훈 워크숍을 열어 솜씨를 갈고 닦고 있으며, 마루를 깔아달라는 의뢰도 받는다. 의뢰는 플랜 A—B—C로 나누어, 플랜 A는 숙련된 해터, B는 중급 해터가 맡고, C는 '마루 깔기 특훈 워크숍'의 형태로 진행된다. 어느 플랜이든 일을 의뢰한 사람도 참가한다는 것이 중요하다. 의뢰인도 마루 깔기가 어떤 일인지 그 과정을 직접 체험하게 하는 것이 목적이다. 그 외 협회의 소소한 활동으로 마루 깔기에 대한 정보나 재미있게 마루를 까는 방법을 인터넷에서 교환하고 있다.

오늘날 건축과 디자인 등 고객으로부터 의뢰를 받는 일의 가장 큰 문제는, 의뢰인이 일에 대해 잘 알지 못하기 때문에 정말로 가치 있는 제안은 의뢰인에게 잘 통하지 않고, 대신 무난한 선택지만 채택되기 일쑤라는 점이다. 고객에게 제안을 해야만 하는 직종에서 일하는 사람은 밤을 새워 좋은 제안을 만드는 것도 중요하지만, 그전에 그런 제안을 받아들일 수 있는 의뢰인과 만나야만 한다. 또 의뢰인이 일을 이해하지 못하면 혼신을 다한 제안은 받아들여지지 않을 것이다. 마루깔기협회가 많은 사람에게 마루 깔기가 어떤 일인지 이해시키고자 하는 것과 같은 노력이 필요한 것이다. 이것은 변화가 극심한 오늘날 피할 수 없는 일이다. 하지만 그냥 계몽만 해서는 될 일이 아니고 다양한 방법을 고민해야 한다.

마루 깔기 과정에 대한 이해가 높아지면 단순히 겉보기나 비용 등으로 마루를 평가하는 대신, 정말 질이 좋은 마루가 어떤 것인지 알고 적절한 비용으로 마루 깔기를 의뢰하는 사람이 늘어날 것이다. 마루는 면적도 넓고 접하고 있는 시간도 길다. 눈에도 금방 들어오는 곳이고 집에 있을 때 늘 발이 닿는 장소이므로, 자기 힘으로 마루를 새로 깔기만 해도 꽤 즐거운 생활을 누릴 수 있다.

돈과 적절한 거리 유지하기

우리는 무척 편리한 서비스에 둘러싸여 살아가고 있다. 덕분에 시간도 절약할 수 있고 체력을 소모하지 않아도 된다. 하지만 그런 서비스를 이용하려면 돈이 든다. 그러므로 돈이 많으면 많을수록 자유로워진다고 생각하기 쉽다. 돈이 지위를 말해주기도 하며 삶의 목표가 되기도 한다. '연봉이 얼마인가'가 하나의 평가 기준인 것이다.

그런데 한 가지 기준만 있다면 자유롭지가 않을 것이다. 편리함이 삶의 가치를 높여주느냐 하면 그렇지는 않다. 재미있게도 조금은 불편한 쪽이, 아니 오히려 조금 불편할수록 좋은 경우도 있다. 그러니 자기 인생에서 중요하게 생각하는 기준을 적어도 세 가지 이상 만들어두자. 앞서 이야기한 마루 깔기처럼 생활의 기초를 지탱하는 기술역시, 돈으로 계산할 수는 없지만 분명 자유로운 인생에 기여한다. 그러므로 연봉 외에 '자기 생활에 필요한 것을 얼마나 스스로 담당하

작고 소박한 나만의 생업 만들기

고 있는가.' 그런 것들을 살면서 늘려갈 수 있는가.' 하는 것도 인생의 기준이 될 수 있다. 또 '이 사람이 힘들 때 뭔가 도움이 되고 싶다.'라고 생각해주는 동료가 얼마나 있느냐도 기준이 될 수 있다.

오늘날은 생각 없이 살다 보면 돈만이 인생의 절대적 기준이 되기 쉽다. 지하철이나 잡지, 텔레비전 광고를 보면, '내 연봉은 너무 적다.' '손해 보고 있지 않습니까?' '일 년에 1,000만 엔을 버는 사람의 열한 가지 방법' 등등 매일 돈을 벌어야 한다는 압박을 주는 정보의 홍수 속에서 살게 된다. 환경의 영향은 무시할 수 없다. 저런 광고가 마치 부적처럼 생각될 정도니까.

매년 할 수 있는 일들을 늘려가는 것은 건강하게 인생을 살아가는 한 가지 방법이다. 연봉은 경기나 운에 따라 달라지고, 연봉만을 인생의 평가 기준으로 삼으면 정신적으로도 그다지 여유롭지 못하게 된다. 거기에는 한도라는 게 없으니까 말이다.

물론 오늘날의 시스템은 그 나름으로 잘 돌아가는 측면이 있다. 이 시스템을 급작스레 파괴하고 '새 시스템을 도입하자!'라고 혁명을 일으키는 것도 방법이겠지만, 그렇게 하는 데도 전투 능력이 필요하다. 생업을 하고자 하는 거북이 같은 기질을 가진 사람들은 생업 네트워크를 통해, 기존의 시스템이 잘 돌아가지 않더라도 생활해나갈 수 있는 일의 범위를 넓혀가는 것이 성격에 잘 맞는 작전이 아닐까.

무엇보다 이 작전은 머리와 몸을 무리하게 쓰지 않기 때문에 즐겁다. 이 점이 중요하다. 마루 깔기도 매일 해야만 하는 강제노동이 되면 괴롭겠지만, 적절한 간격을 두고 하면 즐겁게 할 수 있다. 일찍 일어나서 몸을 움직이면서 눈에 보이는 성과를 내고, 날이 저물면 작전을 종료한다. 그리고 따뜻한 물에 몸을 담갔다가 직접 구운 피자나 화덕에 구운 채소 등으로 식사를 하고, 마루 깔기에 관심 있는 사람들과 이야기를 나누다가 일찍 잠든다. 재미있는 놀이다. 돈도 별로 들지 않는다.

놀이를 직접 만드는 것도 생업의 중요한 주제 가운데 하나다. 디즈니랜드처럼 돈을 내야 즐길 수 있는 오락이 많긴 하지만, 그런 데서 대체로 진이 빠질 때까지 놀고 와서는 다시 '우울한 월요일'을 맞이한다.

자기 노력과 고민으로 만드는 놀이는 생업이 특기로 삼는 분야다. 하면 할수록 놀이의 종류가 늘고 마음 맞는 동료도 늘어난다. 쓸데없이 진을 빼지 않고도 천천히 맛보는 즐거움이 있다.

실은 이것이 내가 생업식 생활을 계속하는 가장 큰 이유이기도 하다.

생업 연습문제

◯ 문제

운치가 있는 집에 살고 있지만, 쥐가 나와서 정말 괴롭습니다.
구제업자를 부르면 수십만 엔이 든다고 합니다.
어떻게 하면 돈을 들이지 않고 평온한 생활을 할 수 있을까요?

● 생업식 예시 답안

고양이 한 마리를 일주일 정도 맡은 다음,
집 구석구석을 탐험하게 합니다.

● 생업식 해설

쥐는 비닐 정도는 간단히 쏠아버립니다. 책상 위에 과자를 두면 그것도 먹어 치우지요. 집에 익숙해지면 복도를 뛰어다닙니다. 쥐 때문에 마음 놓고 잠을 자지도 못합니다.

질문에도 있듯이 구제업자를 부르면 수십만 엔이 듭니다. 힘든 일이니까 그만한 비용이 드는 건 어쩔 수 없지요. 끈끈이는 어떨까요.

한두 마리 잡는 걸로는 간에 기별도 안 가는 문제이고, 무엇보다 생물이니까 뒤처리가 참 골치입니다. 초음파를 이용해 쫓아버리는 방법도 있지만 효과가 없을 때도 많다고 합니다. 쥐약을 쓰는 것도 집에 반려동물이 있다면 먹을지 모르니 위험하고, 약이 잘 듣지 않는 슈퍼쥐도 있다고 합니다.

자, 그러면 어떻게 하면 좋을까요?

짐승에는 짐승으로, 곧 고양이를 데려오는 겁니다. 고양이를 기르는 게 가장 좋겠지만, 그렇게 하지 않더라도 일주일 정도 데리고 있으면 고양이의 위세에 눌려 쥐가 나오지 못하게 됩니다. 단, 여관과 같은 큰 건물에는 고양이 한 마리로는 힘든 모양이니 몇 마리를 더 데려오는 등의 대책이 필요합니다. 쥐의 먹이가 될 만한 음식물 쓰레기를 남겨두지 않는 것도 사소하지만 효과적인 방법입니다.

● 생업식 응용

통칭 '쥐 잡는 110번'(일본의 경찰 신고용 긴급전화번호—옮긴이).

쥐를 잡는 능력이 뛰어나며 남의 집에 가서도 낯을 가리지 않는 호기심 왕성한 고양이를 빌려주는 서비스. 이건 거의 망상에 가까운 생업입니다만, 친구에게 고양이를 빌리는 것은 쥐를 잡기 위한 나쁘지 않은 대책입니다. '시타우마의 토방이 있는 집'에서는 쥐가 출몰

하여 작은 소리에도 깜짝깜짝 놀랄 정도로 신경이 과민해질 뻔했지만, 우연히 친구의 고양이를 맡은 다음에는 그 횟수가 크게 줄어들었습니다. 고마운 일이었습니다.

동물이 입힌 농작물 피해는 지역에 따라 다르지만 수천만 엔에서 수억 엔 규모일 때도 있다고 합니다. 이 피해를 막을 아이디어가 있다면 꽤 좋은 생업이 되지 않을까요?

이것만큼은 각 지역 특유의 문제이므로 세계화의 영향도 적을 것 같습니다.

제5장

생업은 같이하면 더욱 즐거워진다

생업은 최강의 위험 대비책

생업의 아이디어를 떠올릴 수 있게 되었다면 다음은 다양한 사람들과 생업을 하는 방법을 생각하자. 가령, 뭔가 생업을 하기 위해 건물을 수리해야 한다면 혼자서 하지 말고 지인과 친구를 불러 같이한다. 준비 과정이 필요하겠지만, 그 이상으로 즐겁다. 그리고 지인들역시 기술이 는다. 즐기는 일을 몇 번씩 하면서 경험을 쌓는 장점은크다. 왜냐하면 생업 네트워크에 참여하는 인원이 늘수록 점점 할수 있는 일들이 늘어나기 때문이다. 만약 목수 일을 조금 할 수 있는친구 열 사람과 전문적인 목수 한 사람이 있다면, 집을 짓는 것도 그렇게 어려운 일만은 아니다. 옛날 일본에서는 그런 기술이 있는 사람이 근처에 살면 지붕 교체는 공동 작업으로 했는데, 이것은 마치 축제와도 같은 성격을 띠고 있었다. 놀이이기도 하면서 일이기도 한 일하기 방식이다. 즐거움을 나중으로 미루는 일은 없다. 매 순간마다 재미가 있고 즐거움이 있으며 게다가 그것이 미래로 연결된다.

옛날이야기처럼 들리겠지만, 오늘날에도 그런 것이 가능한 일이 있다. 내가 학생 때 조사를 하러 갔던 오키나와 니시오모테지마(西表島)에서는 누군가 집을 다시 지을 때 마을 사람들이 전부 도왔다. 그러므로 자재비 정도만 있으면 된다. 아침 일찍 모여서 같이 일손을 돕자고 사람들에게 권유하면서 작업을 하고, 밤에는 모두 같이 음식을 만들고 잔치를 벌인다. 무척 즐거워 보였다. 물론 전통적인 공동체를 부활시키자는 이야기는 아니다. 어떻게 혈연이나 지연에 상관없이 독자적인 네트워크를 만들어갈 것인가는 그야말로 생업의 커다란 목표 중 하나이기도 하다. 순간적으로 열광하는 것이 아니라 어디까지나 서서히 이루어가는 것이다.

다양한 운동을 살펴보면 알게 되는데, 일시적인 열광은 좀처럼 지속되지 않는다. 인생은 기니까 서두르지 않고 살아가고 싶다.

요즘 젊은이들에게는 공통된 체험이 없으므로 그것을 만들어가야 한다는 의견도 있는데 딱히 거대한 차원에서 생각할 필요는 없다. 자신들이 사용하는 건물을 수리한다든가 건강한 일을 함께 만드는 등 공유할 수 있는 체험을 하면서 동료를 만드는 편이 무리가 따르지 않을 것 같다.

작고 소박한 나만의 생업 만들기

어른이 되면 미래에 대해 진지하게 생각하라는 말을 자주 듣는다. '생명보험에 가입해라' '언제까지고 세 들어 살 수는 없으니 집을 구입할 수 있게 저축을 하라'라는 말을 들으면 보통 사람들은 그대로 따른다. 하지만 지금까지 보아온 것처럼, 만약 집을 사는 계획이 30년 동안 갚아나가야 하는 대출을 받는 아슬아슬한 일이라면 어떨까. 빚을 갚는 동안 인생의 궤도 수정은 꿈도 꿀 수 없고 기술도 익힐 수 없다. 게다가 지진 같은 재해를 만나 집이 무너지기라도 한다 치면, 집을 구입하는 것만큼 위험 부담이 큰 일은 없는 셈이다.

불안한 시대에는 위험에 대비하는 데 골몰하는 사람이 많지만, 무엇이 진정한 위험 대비책인지는 스스로 생각해야만 한다. 고정관념을 재검토해야만 하는 것이다.

생명보험에 들었다 한들 건강에 신경을 쓰지 않으면 병에 걸려 치료를 해도 좀처럼 건강을 회복하기 어렵다. 생명보험보다도 건강한 생활방식을 찾는 것이 보다 나은 위험 대비책(risk hedge)일 것이다. '굵고 짧게 살았으면 좋겠다'라는 사람이 의외로 많은데, 현대 의료는 어떤 면에서는 잔혹해서 '가늘고 길게' 사는 것을 강제하는 측면도 있다. 건강은 잃고 나서야 그 가치를 깨닫는다고 하지만, 잃어버린 건강을 회복하는 것과 건강을 유지하는 것을 비교해보면 후자가 훨씬 수고가 적게 든다. 건강 마니아가 될 필요는 없겠지만, 적절한 수면과 운동은 어떤 시대에도 변하지 않는 건강 유지법이다. 인생에는 해야 할 일이 많으므로 쉽게 할 수 있는 것은 쉬운 쪽을 택하는 게 좋다.

회사를 그만두면 분명 위험이 따른다. 반면 회사를 계속 다니면 다른 일에 도전해볼 기회를 잃어버리는, 보이지 않는 위험이 존재한다. 회사에 다니고 있는 동안에는 회사를 그만둔다는 행위를 아무리 이론적으로 생각한다 해도 소용없는 경우가 많다. 4장에서 말한 1차 정보와 2차 정보 이야기와 마찬가지로, 미지의 세계로 뛰어드는 일은 기존의 세계(회사)에서 얻을 수 있는 정보를 최대한으로 수집한다 쳐도 좀처럼 시작할 수 없다. 특히나 대기업일수록 회사가 사회라고 인식할 정도로 규모가 크기 때문에 진지하게 생각하면 생각할수록 어렵기만 하고 실행에 옮기지 못한다. 종종 장점과 단점을 비교해서 생각해보라는 주장이 눈에 띄는데, 원래 인간의 사고란 그렇게 합리적이지 않다. 장단점을 비교해 행동으로 옮기라는 것은 어떤 선택을 해도 괜찮을 때나 가능한 이야기이고, 특히 불안 때문에 냉정을 유지하기 힘들면 판단을 그르치는 경우도 많다.

이럴 때는 무엇을 가지고 결정을 해야 할까. '싫은가, 싫지 않은가' 이것으로 정한다. 곧 '아, 이건 싫어'라고 생각될 때는 규범에 얽매이지 말고, '그렇다면 이렇게 하자'라고 행동에 나서면 어떨까. 사람은 대부분 이런 경우에 움직인다고 생각한다. 하지만 일단 회사에 들어가면 재빠르게 움직이기 힘들다는 점이 문제다. 이런 민첩한 움직임은 가능한 빨리, 혹은 일상적으로 연마하는 편이 좋다. 회사를 그만 둘까, 계속 다닐까 하는 문제에서는 필요한 시기에 움직일 수 있는 상태를 유지하는 것이 최강의 위험 대비책이다. 생업은 매일매일의 생활을 자기 손으로 만들어가는 것이다. 그렇기에 생업은 생활과 인생의 원점에 감각적으로 접근하도록 만드는 훈련이 되기도 한다.

좀 대단한 분의 이야기를 꺼내게 되어 죄송스럽게 생각하는데, 『생활수첩』(暮しの手帖: 1948년 계간 『아름다운 생활수첩』으로 창간호를 발행한 이래 지금까지 발행되고 있는 격월간 잡지. 기업 광고를 싣지 않아 상업주의에 좌우되지 않으며, 이 잡지에서 하고 있는 각종 가정용 제품 테스트는 신뢰도가 높은 것으로 알려져 있다. 하나모리 야스지가 말하는 "생활을 등한시한 결과 일어난 전쟁"은 중일전쟁 및 태평양전쟁을 가리키는 것으로 보인다—옮긴이)을 창간한 하나모리 야스지(花森安治) 씨는 "생활을 등한시한 결과 전쟁이 일어났다. 그래서 나는 생활을 중요시하기 위해 잡지를 만들었다"라는 취지의 이야기를 한 적이 있다고 한다. 생업을 갖는 것은 제대로 된 판단 능력을 갖추기 위해서도 필요하지만 경제 전쟁하에서 생활을 등한시하지 않기 위한 의미에서도 큰 힘이 된다.

위험은 어떻게 파악할까. 그럭저럭 편안한 회사의 사무직에서 일하는 사람을 떠올려보자. 언뜻 안정적으로 보이지만 과연 그럴까. 사무직은 이익을 내는 부문을 지원하는 일을 하며 무언가 생산을 하지는 않기 때문에 회사가 망하면 같이 망한다. 그래서 회사의 상태를 늘 주의 깊게 관찰해야 한다. '이 회사는 5년은 버티겠지만 그 뒤는 모르겠다'라는 판단이 서면 서둘러 그만둘 필요도 없고, 5년 동안 생업을 만들거나 다른 회사로 옮길 준비를 할 수 있다. 이것이 진정한 위험 대비책일 것이다.

좋은 회사에 들어가는 것이 위험에 대한 대비라고 생각한 시절이 있었다. 아마 지금의 2, 30대의 부모가 일했던 시절은 그러한 규칙이 통용되었으므로 좋은 회사에 들어가서 원만하게 회사 생활을 하는 것이 가장 이득이 되었다. 회사를 도중에 그만두는 선택은 괴짜나 하는 짓이었고, 한마디로 말하면 손해를 보는 선택이었다. 지금은 물론 다르지만 부모 세대에게는 그러한 경험이 생생히 남아 있기 때문에 자식들이 회사를 그만두도록 허락하지 않는다. 그런 압력이 실제로 존재한다. 자식은 부모의 압력에 복종할 때 따르는 위험, 부모는 자식에게 자신들의 고정관념에 따르도록 했을 때의 위험에 대해 생각해볼 필요가 있다. 자식은 그런 압력을 이겨내려면 여차한 경우에 회사에 의존하지 않고도 살아갈 수 있다는 자신감을 가져야만 하며, 그러기 위해서는 작더라도 자기 일을 만드는 것이 가장 빠르다. 이건 정신력만으로는 될 일이 아니다.

'회사에서는 사는 것 같지 않다, 그만두고 싶다'라고 생각하는 사람은 퇴사를 고민하기보다 우선 여가 시간에 생업을 만들고, 그 일이 바빠져서 더 이상 회사에 다닐 수 없을 정도가 되었을 때 어쩔 수

작고 소박한 나만의 생업 만들기

없이 회사를 그만둔다고 생각하는 편이 자연스럽고 바람직하다고 본다. 너무 고민만 하고 있으면 결단을 내리지 못하는 자신이 혐오스러워진다. 그런 쓸데없는 혐오감 때문에 자기를 비하할 필요는 없다. 특히 종종 미디어에 등장하는, 독립해 성공했다는 사람들은 연출상 각오와 결의를 다지고 회사를 그만두었다고 하기 쉬운데, 실상 모두 그처럼 극적으로 사표를 쓰지 않았을 테니 안심해도 좋다. 참고로 나는 처음에 다녔던 회사에서 아무런 경험도 없는 상태에서 잡지 창간과 구직 사이트 개설까지 해냈지만, 사무실의 건조한 공기에다 스트레스가 커지면서 피부가 안 좋아져 너무 괴로웠던 나머지 그만두었다.

세상에서 상식으로 받아들이는 '위험 대비'는 한 단계 더 뜯어보면 전혀 위험에 대비하는 게 아닐 때가 많다. 결국 진정한 위험 대비는 일상적으로 해야 한다고 본다. 이것까지 했으니 안심이다 싶은 경지는 거의 없으며, 또 그런 것을 기대하지 않는 편이 오히려 위험을 줄이는 상태를 유지한다고도 할 수 있다.

이것은 일종의 사고 실험인데 만에 하나, 엔이 폭락하여 화폐 가치가 0이 되었을 때에도 협력자를 찾아 집을 지어 살 곳을 마련할 수 있고, 자기 나름대로 필요한 물자도 만들고 저장해둔 것들을 서로 나누어 쓰면 어느 정도는 버틸 수 있다. 이런 네트워크가 몇 명으로 이루어져야 적절할지는 앞으로 생각해야 할 주제가 될 것 같다. 인류학에 따르면, 아프리카에 사는 피그미족 정도의 인구가 되면 집단을 나눈다고 하는데, 현대인들은 과연 어떤 환경에서 몇 명까지 신뢰를 유지할 수 있는 사람의 범위를 늘릴 수 있는지, 게다가 인터넷에서는 그것을 어디까지 확장할 수 있는지가 앞으로 생업식 생활에 중요한 주제가 될 것이다.

어쨌든 가령 재해나 경제 파탄으로 일시적으로 화폐가 기능하지 못해도 버틸 수 있도록 하는 것이 최고의 위험 대비책이며, 생업식 생활을 지탱하는 기술과 동료의 존재는 그러한 사태가 일어나더라도 커다란 버팀목이 될 것이다. 그리고 위험 대비책이 될 만한 기술과 직감을 훈련해두는 것이 나날이 별 걱정 없는 생활을 하는 데도 도움이 되지 않을까.

나는 생업을 만드는 것은 시장경제 사회를 완전히 벗어나는 것을 목표로 삼는 단순한 자급자족을 꿈꾸기보다 거꾸로 이 세계화하는 시장경제 속에서 경제적 도전을 준비하는 기반이 되리라고 생각하고 있다.

늘 '지면 죽는다'는 압박 속에서 자신을 몰아세우는 사람은 통각이 마비된 기계 같은 인간뿐이다. 대개의 평범한 사람들은 무슨 일이 생겨도 굶어 죽지는 않을 테고 그럭저럭 즐겁게 생활할 수 있으리라는 일상적인 마음의 여유가 있기 때문에 무언가에 도전도 할 수 있다. 이른바 '배수진'을 치는 경우는 사실 무척 드문 상황이며 언제든 사용할 수 있는 방법은 아니다.

이처럼 생업은 평범한 사람이 세계화 이후의 시대에 자기가 할 수 있는 한 고민하고 방법을 찾으며 생활해나가는 자세를 갖추어나가는 것이다. 그와 동시에, 필요하다면 시장경제 안으로 뛰어들 수 있는 정신적 여유를 확보한다는 의미도 갖고 있다. 준비가 갖춰지면 자기 사업을 하거나 회사를 만들어 세계 시장의 문을 두드릴 수도 있다. 만약 그것이 실패하더라도 그럭저럭 신나게 살아갈 수 있는 방법을 언제라도 만들 수 있는, 건강한 생활을 해나가기 위한 사고방식이기도 하다.

현대 사회의 환상 의심하기―
'시골에는 일이 없다'는 말은 사실일까

지금까지 본 것처럼 현대 사회는 뭐든 돈으로 필요한 것을 구해야만 한다는 강력한 구도가 형성되어 있다. 그 때문에 마음대로 행동할 수 있는 여지가 크지 않다. 하지만 조금만 생각해보면, 그런 상식은 불과 몇십 년 사이에 만들어진 것에 지나지 않음을 알게 된다. 돈을 쓰지 않더라도 할 수 있는 일은 많다. 이런저런 고정관념이나 애매한 불안도 잘 관찰하면 구체적인 대책을 세울 수 있다.

현대 사회에는 여러 가지 환상이 존재한다. 그런 환상을 부수는 것이 생업의 주제 가운데 하나다.

이야기가 좀 길어질 듯하지만 여기서 하나의 상식, 혹은 환상을 예로 들어보자. '시골에는 일이 없다'라고들 하는데 이게 사실일까?

내가 생업을 하겠다고 마음먹은 최초의 계기는 취직 준비를 하면서 떠오른 의문 때문이었다. 당시 나는 일을 하려면 회사에 다녀야 한다는 선택지 외에는 없었다. 대학에 진학하면서 '우동밖에 없는' 것이 싫어 떠난 가가와 현(저자가 자란 가가와 현의 대표적인 특산물이 우동이다. 특히 사누키 우동이 유명하다—옮긴이)이었지만, 막상 나와 살아보니 고향에 돌아가는 것도 나쁘지 않겠다는 생각이 들었다. 하지만 취직을 하려고 알아보니 지방 공무원이나 은행원, 교사 말고는 선택지가 없었다. 이런 직업은 지역에 경제활동이 있어야만 고용이 유지된다.

'시골에는 일이 없다는 문제'를 어떻게든 해결해보고 싶다는 마음에서 시골에서 할 수 있는 일에 대해 생각하기 시작한 게 9년 전인 2003년, 스물세 살 때였다. 그런데 실제로 시골에 가보니 자기 힘으로 일을 만들고 생활해가는 사람들이 의외로 많다는 사실을 알게 되었다. 이게 어떻게 된 일일까? 그들은 민박이나 만물상, 자급을 위한

작고 소박한 나만의 생업 만들기

농업이나 직업으로서의 농업, NPO 활동 등 다양한 일을 하면서 생계를 꾸리고 있었다. 시골에서는 고용에 의존해 생계를 유지하지 않고 다양한 작은 일, 곧 생업을 스스로 만들어 생활하는 사람들이 꽤 많다. 언뜻 프리터처럼 보이지만 각 개인의 생활 능력이 높아서 간단한 집수리쯤은 할 수 있는 사람도 많고, 그중 뛰어난 사람은 혼자서 집을 지어 자기 생업 중 하나로 삼기도 했다. 참고로 행정 쪽에서는 이런 생활을 소개해주는 창구가 거의 없다. 너무 다양해서 어떤 범주를 만들기 어렵기 때문이다. 행정 쪽에서는 업종과 구인구직 정보 외에 생활방식까지는 파악하지 못한다.

한편, 귀농 귀촌을 지원하는 여러 단체가 있지만 담당자와 상담을 하면 2장에서 이야기한 것처럼 "시골 생활은 만만하지 않아요!" "최소 300만 엔은 저축이 있어야 합니다. 없으시다고요? 그렇다면 힘들죠" "농업으로 먹고살려면 1,000만 엔 이상 설비 투자를 해야만 합니다" "일(고용)이 없으니까 주민센터 같은 곳에서 일하시거나 연금을 받아 생활하는 수밖에 없어요" 등등 이상하게 까다로운 조건을 들이미는 경우가 많다.

시골 생활을 해야겠다고 마음을 먹은 사람은 우선 지원센터를 찾아가게 되는데, 담당 직원은 정기적으로 급여를 받으니까 도시 생활을 하는 것과 마찬가지이며 실제로 그 동네에 살지 않는 경우도 있다. 이런 사람은 대개 고정적인 급여를 받는 직업 말고 다른 일들은 그다지 긍정적으로 생각하지 않는다. 자기가 월급을 받고 있으니까 생업식 생활은 시야에 들어오지 않는 것이다.

실제로 시골에 나가보면 일자리는 없다 해도 자기 힘으로 일을 찾고 생활환경을 정비하며 잘 살아가는 사람도 있다. 그러니까 저런 상식적인 정보는 정보를 제공하는 사람의 배경을 살펴보고 판단해야 한다.

사실 상식적인 정보란 하나의 관점에 지나지 않는다. 따라서 선입견인 경우가 많다. '취업을 해야만 일이다' '전업을 하지 않으면 전문가라고 할 수 없다' '사업을 확장해야만 한다' '돈이 없으면 아무것도 못한다'와 같은 선입견을 우리는 하나하나 깰 필요가 있다. '사업을 확장하면 좋은 경우도 가끔은 있다'라는 식으로 말이다.

그렇게 대상을 구체적으로 바라보는 것도 생업을 만드는 데 필요한 훈련 중 하나다. 시골이라는 말만으로는 어떤 환경인지 알 수 없다. 알지 못하는데도 시골이라는 말을 듣고 적당히 생각해버리면 시골의 본래 모습에 다가가지 못한다. 인구 3만 명의 지방 도시인지, 50만 명의 도시인지, 주민 평균 연령이 70대인 한계 취락(고령화 등으로 인구가 점점 줄고 새 인구는 거의 유입되지 않으며, 소득을 올릴 일거리도 마땅치 않아 사라질 위험에 처해 있는 시골 마을—옮긴이)인지, 가까운 이웃집이 1킬로미터는 떨어져 있는 대초원의 목초지대인지 등등 하나하나 살펴보아야만 한다. 정말로 일이 없는지는 현지에 가서 적절히

작고 소박한 나만의 생업 만들기

조언해줄 사람에게 이야기를 듣는 식으로 조사해야만 구체적인 상황을 파악할 수 있다.

예를 들자면, 나는 기이 반도의 중산간 지역(평야의 주변부에서 산간 지역까지를 이르는 말. 산이 많은 일본은 전체 면적의 70퍼센트가량이 이런 지역이다—옮긴이)에 자주 가는데 그곳에는 취업거리는 없지만 청소나 풀베기 등 자질구레한 잡일이나 학원이 없는 동네라 과외 교사 자리가 있었다. 또 매일 영업하지는 못 하지만 빵집이나 커피숍이 사랑받고 있어서 특이한 메뉴를 만들면 인터넷에서 팔리기도 한다. 그러므로 생활비가 적게 드는 방법을 찾는다면, 이런 일들을 하면서 생활할 수 있다는 사실을 알 수 있었다.

인구가 3만 명 정도인 지방 도시에 가보면 컴퓨터 보급률은 70퍼센트에 이르지만, 컴퓨터를 수리할 수 있는 사람은 그에 비해서 얼마 되지 않는다. 그래픽 디자인 일도 규모는 크지 않지만 꽤 있고, 지방자치단체의 인쇄물이나 웹사이트 디자인도 개선할 필요가 있지만 보기 좋고 알기 쉽게 만들어줄 사람이 없다. 또 시골에서는 입소문이 빨리 퍼지기 때문에 시작만 잘하면 따로 영업을 하지 않고도 일거리를 받을 수 있어서 괜찮다는 등의 사실을 알게 된다.

시골에서는 사람을 사귀기가 어렵다는 것도 선입견이다. 이것도 경우에 따라 다르다. 마을마다 성격이 다르기 때문이다. 어떤 마을에서는 술자리나 마을 회합이 전혀 없다 해도 바로 강 건너 마을에서는 종종 모임이 열리기도 한다.

인간관계에서는 결국 서로 들을 수 있게끔 인사를 나누는 게 중요한 법이다(바람이 세게 불어 들리지 않을 수도 있겠지만). 사소한 것들을 하나씩 해나감으로써 해결되는 과제는 의외로 많다.

이처럼 시골 생활에만도 다양한 선입견이 존재한다. 현대 사회에는 그저 인상에만 사로잡혀 뭘 하든 뻔하다고 여기는 꽉 막힌 분위기가 존재하지만, 자기 머리와 몸을 사용하여 하나하나 고정관념을 깨나가다 보면 즐겁게 살아갈 수 있는 여지를 찾을 수 있다.

경제 규모보다 생활의 자급력 키우기

지금까지 생업을 갖는 것, 만드는 것에 대해 여러 가지로 살펴보았다. 나는 이른바 '생업식 생활'의 실험 대상이기도 하다. 실험 대상으로서 그 결과를 이야기하면서 앞으로 다가올 세계화 이후의 시대에 대한 생각을 정리해보려 한다.

앞서 시골 생활의 선입견에 대해서도 말했는데, 지역에서는 외부에서 돈을 끌어와야만 한다, 돈이 되는 관광 사업을 해야 한다, 외화를 벌어야만 한다는 이야기를 자주 한다. 어디서 특산물 판매가 좀 성공했다 싶으면 너도 나도 시찰에 나선다. 하지만 이런 것들이 잘

되는 곳은 한정되어 있다. 나는 이런 이야기들에 깔린 전제가 잘못된 게 아닌가 싶다.

앞서 '시골 생활에 관한 상식을 의심하라'라는 이야기를 했다. 한 번은 내가 인터넷 매체에 시골에는 취업할 만한 회사는 별로 없지만 자질구레한 일은 얼마든지 있다고 본다, 이웃집 청소나 이사, 축제 일손 돕기, 과외 교사, 목수 일 등 소소한 일거리는 많다, 농사도 자급할 정도로 짓는 건 어렵지 않다, 라고 글을 쓴 적이 있는데, 그때 찬반양론이 뜨거웠다. 그중에 이것은 지역 안에서만 돌아가는 경제이므로 생산적이지 못하며, 보다 적극적으로 외부에서 돈을 끌어오지 않으면 점점 쇠퇴할 것이라는 의견이 있었다. 또 최근 조금씩 유행하고 있는 사회적 기업에 대한 비판으로서 기존의 자산을 사용하여 서비스를 제공하기보다 축소되고 있는 경제를 활성화하여 전체 파이 크기를 키워야만 한다는 의견도 있었다.

나는 그렇게 혈압을 올리며 억지로 경제 규모를 키우기 전에, 자기 힘으로 생업을 만드는 것에서부터 시작하면 과정도 즐길 수 있고 궁극적으로는 경제 상황도 좋아지게 만드는 지름길이라고 생각한다. 시골에 커피숍이 없어 심심하다면 우선 커피숍을 계속 운영해나갈 수 있는 형태로 하면 된다. 청소나 이사, 집 정리를 도울 일손이 없다면 우선 그런 일들을 생업으로 삼아도 좋다. 그렇게 자기 힘으로 일을 만든 경험이 쌓이면, 나중에 해보고 싶은 사업이 자연스럽게 떠오를 것이다. 내가 '사장님'이 될 기회는 도처에 널려 있다. 그런 과정도 거치지 않고 외화를 벌기 위한 특산물 판매 같은 난이도 높은 일에 갑자기 뛰어든다면 잘될 턱이 없다.

세계화란 전 세계와 경쟁해야 하는 상황이라는 뜻이기도 하다. 단순히 가격과 성능 면에서만 경쟁한다면 아무런 준비도 안 됐는데 '세계 대회'에 나가야 하는 상황과 같다. 이미 국내 대회에서 돈을 끌어오는 차원이 아닌 것이다. 필요하다면 도전해야겠지만 보통 수단으로는 안 된다. 그렇다면 전 세계적인 경쟁과 관계없는 생업을 할 만한 분야에서 우선 자신의 생계를 꾸려갈 방법을 생각하면 재미있게 경기에 임할 수 있지 않을까.

축구공을 만져본 적도 없는 사람에게 갑자기 공식 경기에 출장해서 골을 넣으라고 하면, 극히 일부 천재 말고 그렇게 할 수 있는 사람은 없다. 하물며 지금은 그런 사람에게 월드컵에 나가라고 강요하는 세계화 시대이다. 보통 사람이라면 경기에 나가기 전에 경기 규칙을 외우고 기본적인 작전을 숙지하고 드리블, 패스 등을 배워야만 한다. 이런 '기본기'가 생업이다. '외화 획득을 위한 산업 진흥'은 월드컵에 해당된다. 당장 덤벼들 수 있는 일이 아닌 것이다.

여담이지만 일본에는 훌륭한 미드필더는 있어도 골 결정력을 가진 스트라이커가 없다는 말이 오랫동안 있어왔다. 골문 바로 앞에서 슛을 할 기회를 날리고, 경기가 끝난 뒤 "공이 갑자기 날아와서 그랬

작고 소박한 나만의 생업 만들기

다"라는 말을 해서 비판을 받은 스트라이커도 있었는데, 과연 그런 비판을 당당히 할 자격이 있는 사람이 얼마나 되는지 모르겠다. 반 농담으로 이야기하는데 일본 축구 대표 팀에 세계적인 공격수가 나오지 않는 근본적인 이유는 지난 3, 40년 동안의 노동방식에 있는 것 같다. 회의마다 사전 교섭을 하면서 만사를 분위기에 따라 결정하는 것은 패자를 만들지 않고 평온을 유지하는 효과도 있겠지만, 이런 식으로는 유능한 공격수를 길러낼 수 없다. 가마모토 구니시게(釜本邦茂: 일본의 전 축구 국가대표 선수. 1944년생으로 교토에서 태어났다. 1960년대 중반부터 1970년대 후반까지 국가대표로 활약하는 동안 총 75득점을 올리고 1968년 멕시코 올림픽에서는 7득점을 하는 등 일본 축구사상 가장 뛰어난 공격수로 평가받고 있다—옮긴이) 같은 예외적인 인물이 나오기는 했지만, 그가 상인 기질이 강한 간사이 사람이라는 사실을 눈여겨봐야 할 듯싶다.

오늘날 나를 포함한 대부분의 일본인은 자기 힘으로 일을 만든 경험이 거의 없다. 하지만 고도 경제 성장 전에는 민간에 개인 사업자가 많았고, 그런 이들이 계속 골을 넣던 시대가 있었을 것이다. 특히 막부 말기(에도 시대 말기로서 미국의 페리 제독이 흑선을 타고 나타난 1853년부터 에도 막부가 폐지된 1867년 전후를 가리킨다—옮긴이)에는 연공미(年貢米: 영주들이 농민에게 지대로 걷은 쌀—옮긴이)만으로는 번(藩: 에도 시대 대영주, 곧 다이묘들이 지배하던 영역 및 지배 기구—옮긴이)의 경제가 정체되었기에 각 번은 독립적으로 여러 산업을 개발했다. 그러한 산업들이 오늘날 각 지방 특유의 산업이 된 경우도 많다. 이런 역사를 무시해버리고 국가적으로 대규모 기업을 만들어 야성미 넘치는 시골 사람들을 집단 취직을 시킨 끝에 주식회사 일본이 성장을 이룬 것이다. 대기업에서는 직원들이 개인 사업자적인 결단을 내리기를 원치 않으며, 각 현장마다 앞뒤를 맞추어 회사 전체가 하나의 컨베이어벨트처럼 착착 돌아가는 데 주력하면 그만이다. 그랬다가 2010년대에 들어서자 그러한 방식이 제대로 돌아가지 않게 되었다는 사실이 드러나기 시작했다.

예를 들면, 카메라 제조회사에서는 경영자들이 이제 카메라에 어떤 기능이 필요한지조차 모르는 것처럼 보인다. 화소 수에 대한 집착은 거의 끝나가는 것처럼 보이지만, 많은 회사가 기능을 높이는 데 치중한 신상품만 출시하고 있다. 원래 벤처 기업이었던 소니는 너무 거대해진 나머지 각 부문의 손발이 맞지 않게 되었는지 충분한 기술을 가지고서도 아이폰을 만들지 못했다.

지금의 대기업 중역들은 조직 안에서 열심히 노력해 출세한 세대다. 결단을 잘 못 내린다기보다 그런 경험을 한 적조차 없다. 이들은 남들이 좋다는 대학을 나와, 남들이 좋다는 회사에 들어가서 딱히 사표를 쓸 일 없이 계속 일해왔다. 가장 위험 부담을 적게 진 사람들이 경영 책임을 맡고 있는 것은 그렇게 드문 일이 아니다. 일본의 기업 구조로 볼 때 이는 일반적이다. 그런데 세계화가 시작되고 변화가 극심해지면서 위험 부담을 져본 경험이 없는 사람들이 다양한 결단을 내려야만 하는 상황에 처했다. 일본 어디를 가더라도 마찬가지인 상황이다. 결코 좋은 시기라고 할 수 없다.

내 생각에는 엘리트가 아니라 생업식 발상을 할 수 있는 사람들이 이런 상황을 반전시킬 수 있지 않을까 싶다. 미디어에서 다루고 있지 않을 뿐이지 이미 많은 사람이 그런 활동을 하면서 힘을 축적하고 있다. 앞으로 흥미로운 일들이 벌어질 것이다.

지금이야말로 총체적인 시도가 필요한 시기이다. 말하자면, 그럭저럭 먹고살 수 있을 만큼 적당한 수입을 얻으면서, 내가 납득할 수 있는 생활을 내 힘으로 키워나가는 상황을 어떻게 만들지에 관한 총체적인 실험 말이다.

이건 요컨대 '카페 만들기' 같은 거다.

돈을 크게 벌고 싶다면 카페 같은 건 고려할 만한 사업이 못 된다. 하지만 차린다고 치자. '카페를 차리고 싶다'는 바람에는 생활을 중시하면서도 계속 버틸 수 있는 수익도 올리고, 사람들이 한가로이 시간을 보내면서 정보도 얻고, 다른 이들을 만날 수 있는 장소를 만들고 싶다는 총체적인 소망이 있다. 총체적이라는 말을 '인간적'이라는 표현으로 바꾸어도 무리는 없다. 문제는 외화 획득 같은 발상에는 그런 '인간적인 소망'이 결여되어 있다는 사실이다. 인간적인 소망을 충족시키기 전에 외화를 벌겠다는 난이도 높은 목표를 세운대도 잘 이루어지지 않을 것이다.

거꾸로 말하면 오늘날은 그런 인간적 소망을 실현하는 것이라고 생각되는 생업을 하나하나 만들어간다는 면에서 무한한 가능성이 있는 시대이기도 하다. 이건 정말 재미있는 일이다. '이번 달에는 마루 깔기를 배웠어' '올해에는 쌀을 수확할 수 있었지' 같은 성취감을 오감 전체를 통해 느낀다는 것은 현대 사회에서 결핍되기 쉬운 요소를 보충해줄 수 있다. 통계를 찾아본 것이 아니라서 단정할 수는 없지만, 우울증 같은 정신질환이 만연하는 것은 오감을 사용하여 성취감을 느낄 수 있는 일이 사라져버린 사회적인 이유도 있지 않을까. 사람을 괴롭히는 가장 효과적인 방법은 이유도 말해주지 않고 구덩이를 팠다가 다시 메우기를 끊임없이 반복시키는 것이라고 한다. 일명 삽질이다. 이렇듯 노력의 결과를 실감할 수 없다는 것은 인간에게는 가혹한 환경이다. 일하는 의의를 실감하지 못하면 남는 것은 매출 올리기 등 숫자를 목적으로 삼는 것뿐이다.

'생업 만들기'는 건강한 형태로 실감을 되찾고자 하는 작은 시도이다.

고도 경제 성장기에 접어들면서 시골에서는 늘 일자리 부족과 인구 유출 등의 문제에 시달렸다(이것들은 정말로 해결될 수 없는 문제인가, 인구가 어느 정도 되어야 이 문제를 해결할 수 있는가 등의 논의도 없었다). 그리고 오로지 공장 유치, 특산품 개발, 관광 진흥 같은 것들만이 대책으로 나왔는데, 이런 대책의 한계를 생각해봐야 한다. 특산품을 내놓는다 해도 일본인의 위장에는 한계가 있다. 그래서 세계로 시장을 넓히고 싶어 하지만, 일본인을 대상으로 하는 것보다 훨씬 장벽이 높다. 그걸 해낼 수 있는 사람이 얼마나 될까. 그렇다면 먼저 삼시 세끼 먹는 것들을 더 신선하고 맛있게 만들어야 하지 않을까. '부가가치'를 외치기 전에 본질적인 가치를 소홀히 하고 있지 않은지 생각해야만 한다.

절정기에 도달한 것들은 이미 그 안에 문제가 잠재되어 있다. 일본 경제가 처한 위험은 이제 막 시작되었다기보다 그 안에 잠재되어 있던 문제가 터져 손을 쓸 수 없게 된 것뿐이다. 호황기 상태를 회복하기 위해 손을 대면 댈수록 더 나빠진다. 그리고 안달하게 된다. 오랜 기간에 걸쳐 몸이 약해진 사람에게 일시적으로 회복하는 주사를 반복적으로 놓으면 더 약해지는 것과 마찬가지다.

잠재되어 있던 문제에 손을 쓸 수 없게 되었다는 건 기존의 시스템에만 매달려 새로운 일을 만들 능력을 키우거나 자기 생활을 꾸려 갈 방법을 고민하지 않았다는 뜻이다. 2000년대부터 사회운동을 하는 NPO가 등장했지만, 이것 역시 후원금에 의존하는 경우가 많다. 후원금이 물론 나쁘다는 이야기는 아니지만, 후원금이 없어지면 단체를 유지할 방법이 없다. 이처럼 생업을 만드는 능력은 다방면에서 현저하게 쇠퇴했다. 근본 문제를 찾아 거기서부터 시작하지 않으면 거꾸로 '시장경제에서의 경쟁력'도 길러지지 않는다. 현재 일본이 안고 있는 과제는 이런 부분에 있지 않을까.

급할수록 돌아가라는 말이 있듯, 우선은 자기 생활을 충실하게 할 방법을 찾으면서 이를 확장하여 생업을 만드는 것에서부터 출발하자. 나는 이것이 재미도 있고 머리와 몸에도 적절한 운동이 되리라고 생각한다. 벤처 기업도 직원들에게 어느 정도 생업 만들기에 투자할 시간을 주면 어떨까. 직원들도 사업자의 마음을 이해하게 되고 일을 만드는 감각도 연마하여 회사에서도 훌륭한 신규 사업을 만들지도 모른다. 방법을 고민하기에 따라서 의외로 부업을 장려하는 기업 쪽이 더 큰 효과를 거둘 수도 있다.

사회와 경제에 탁월한 관점을 지닌 논객들도 많은데, 정치를 비평하는 다음 단계로서 직접 시의원에 출마해 실제로 정치에 참여해 보는 것도 좋은 생업이 될 것이다. 미성숙한 정치에 대해 발언하는 방법은 여러 가지가 있지만, 지금은 트위터나 페이스북처럼 혼자서도 할 수 있는 매체도 늘고 있고, 지방 도시도 컴퓨터 보급률이 70퍼센트가 넘으므로 꽤 가능성이 있을 것이다. 아무개 시장이 텔레비전 토론에 출연해 학자를 깨끗이 논파한 일이 한때 화제가 되었는데, 이 사실은 토론 내용의 시비야 어떻든 간에 일본의 지식인 집단

작고 소박한 나만의 생업 만들기

이 지나치게 비대해졌음을 상징한다고 생각한다. 뭐든 체험하는 것만이 다라고 생각하지는 않지만, 몸을 좀더 움직이지 않으면 상황도 바뀌지 않는다.

생업식 발상으로 정치에 참여하려는 시도는 이미 존재한다. 내 친구는 20대의 의견이 정치에 반영되지 않는다고 생각하고, '우선 출마해서 의견을 말하고 싶다'라며 불필요한 지출을 줄이고 20만 엔 정도를 모아 시의원 선거에 나섰다. 선거 비용은 최소한으로 줄이고 나머지 일들은 친구와 지인의 도움을 받았다. 꼭 당선되지 않아도 좋다는 것이다. 자신의 생각을 발언할 기회로 선거를 이용하는 것도 생업의 하나로서 재미있다고 본다. 친구는 결국 당선되었는데 원래 쓸데없는 지출을 안 하는 사람이고 자기 생업을 갖고 있어서 의원 자리에 얽매일 이유가 전혀 없다. '선거에는 돈이 든다'라고 하지만 시의회 의원 공탁금(출마 시에 맡기는 돈)은 30만 엔이고, 게다가 득표율이 아주 낮은 경우가 아니라면 돌려받을 수 있다(전체 유효투표 수 ÷전체 의원 수÷10의 결과보다 높을 때). 곧 전체 유효 투표 수가 2만 표이고 전체 의원이 10명이라면 200표만 얻으면 공탁금 30만 엔을 돌려받는다. 그렇게 까다로운 조건은 아니다.

하지만 나는 이런 사실조차 알지 못했다. 이런 것은 분명 약점임을 깨달아야 한다. 일본의 정치에 불만이 있다면 생각보다 큰 위험을 감수하지 않아도 되니 도전해봐도 좋을 듯싶다. 만약 자기가 할 수 없다면 동료 중에서 대표를 찾아봐도 되지 않을까. 그리고 지금까지의 관행대로 조직의 지지를 업으려고 애쓰는 등 불편한 일들을 해서 당선될 거라면, 차라리 깨끗이 떨어지는 편이 낫다. 또 잠시 의원이 되었더라도 별도의 자기 생업을 제대로 해나가야지, 의원을 직업처럼 여기고 죽을 때까지 해야겠다는 생각은 안 하는 편이 좋다.

투표율이 점점 떨어지는 것이 문제시되고 있는데, 이는 역시 달리 뽑을 만한 사람이 보이지 않고 주변 사람이 출마하지 않는 것이 큰 원인이라고 본다. 그렇다면 자신이 대안이 되면 된다.

여기에도 '내가 이상하다고 느끼는 것부터 공략한다' '돈이 얼마나 필요한가를 파악한다' '쓸데없는 지출을 줄인다' '동료와 함께한다' 등 생업에서 중요하게 생각하는 요소가 가득하다. 일종의 축제로서 친구의 선거활동을 돕는 경험을 한 사람이 많아지면 그만큼 선거를 치르는 방법을 어느 정도 익힌 사람이 늘어난다. 그러한 경험이 쌓이면 우리 생활과 분리되고 만 정치를 생활에 가깝게 다가오도록 만들 수 있다. 원래 '정치〔政〕'란 '축제'와도 같은 의미를 띠고 있었으니까〔지은이는 여기서 정(政)이라는 단어를 마쓰리고토(まつりごと)라고 읽고 있다. 마쓰리고토란 원래 제사〔祭り事〕를 뜻하는 말로서 제정일치 시대의 흔적이 남아 있는 단어이다. 또한 일본의 축제를 뜻하는 '마쓰리(祭り)'는 대개 종교적 행사에서 출발한 것이 많다―옮긴이〕.

이렇게 '여러 가지 일을 하자' '보다 인간적인 방법은 없을까' 등 생

작고 소박한 나만의 생업 만들기

업식으로 생각하면 다양한 아이디어가 나온다. 예를 들면, 시청 운영에서도 날로 높아지는 인건비가 재정을 압박하고 있다는 말이 나온 지 오래되었다. 이것 또한, 누구나 할 수 있도록 매뉴얼화가 가능한 분야는 전부 부업 형식으로 일을 배분하는 방법도 생각해볼 수 있다. 직원들은 몇 년에 한 번씩 부서가 바뀌기 때문에 전문성도 길러지지 않고 다른 시민들에 비하면 훨씬 유리한 조건으로 고용되고 있다. 평균 연봉이 200만 엔 정도인 지방에서 공무원 급여만 두 배가 넘으면 곧 재원이 부족해져 운영을 계속하기 어려울 것이다. 이런 일을 독점하는 것은 문제가 있다. 그러니 차라리 사무직은 거의 전부 겸업을 할 수 있게 시스템을 만들어서 모든 시민이 관여할 수 있도록 하고, 전문성이 필요한 부서만 전문가를 고용하는 계획도 세워볼 만하다. 시민 옴부즈맨 같은 것으로 감시하기보다 모든 시민이 운영에 참가한다면 분명 투명성도 높아질 것이다.

다행스럽게도 20대 시의원들이 각 지역에서 속속 등장하고 있다. 다음 과제는 그들이 낡은 시스템에 물들지 않고 활동할 수 있도록 서로 연계하는 것이다. 사람은 혼자 놔두면 고립되기 쉬우므로 기백 있는 사람들이 모이는 장의 역할이 중요하다. 의욕이 넘치는 사람들과 대화를 할 기회가 없으면 역시 좋은 아이디어는 나오지 않는다. 거꾸로 말하면 그런 이들과 모일 장소만 있으면 된다. 잘 생각해보면 사교의 장은 많지만 도시에서도 자유롭게 의견을 함께 나누면서 아이디어를 만들 만한 장은 적어 보인다. 그런 장소를 만드는 것도 생업이 될 수 있다. 카페 같은 가게도 될 수 있고, 또 다른 무언가일 수도 있다.

현대 사회에서는 더 이상 할 수 있는 게 없어 보여서 허무감에 빠지기 쉽다. 하지만 자기 주변의 일부터 정치까지 '여러 가지 일을 하면 좋다' '자기 생활의 기반은 자기 머리와 몸으로 만들어간다' '가능하다면 일도 자급한다' '중요한 것은 건강과 즐거운 대화와 재미있는 놀이'라는 식으로 생각해간다면 해볼 만한 일들은 많으니 질리지 않을 것이다.

집도 지으면서 먹거리도 생산하고, 옷감을 만들면서 카페에서 이벤트도 열고, 선거를 치르는 방법도 배우면서 결혼식도 운영할 수 있게 되는 것. 생업은 이처럼 다양한 기술을 몸에 익힐 수 있다. 소박해 보이지만 충분히 덤벼볼 만한 가치가 있으며, 거기에서 얻는 성취감도 크다. 나처럼 회사에 소속되지 않고 생업을 만드는 데 주력해도 괜찮고, 회사에 다니면서 생업을 한두 개 만드는 것도 그다지 어렵지 않은 시대라고 본다. 혼자서 꾸준히 할 수도 있고 몇 명이 같이해도 즐겁다.

덧붙이자면 내 취미 중 하나는 '회사에 다니는 것만으로도 벅차지만 무언가 해보고 싶어 하는 사람'을 찾아내서 그 사람의 생업을 만드는 것이다. 혼자서 생업을 만들기 힘든 사람은 나 같은 사람을 찾아봐도 좋다. '회사에 다니면서도 할 수 있다'라고 말하긴 했지만 일상에 매몰되면 좀처럼 하기 힘들기에, 사실 눈 깜짝할 사이에 한 해가 다 가버리는 경우도 많다. 그러니 서너 명이서 팀을 만들어도 좋을 것 같다. 여럿이 팀을 짜는 주 목적은 의욕을 유지해서 실행하는 데까지 도달하는 것이다. 그러므로 모임은 필수 항목이지만 대체로 두세 명 정도가 적당하다. 사람이 너무 많으면 모임 날짜를 정하는 것만으로도 큰일이니까.

우리에겐 새로운 노동방식이 필요하다

일의 기원에 대해 다시 생각해보자.

아주 오랜 옛날에는 거의 완벽한 자급자족을 했고, 불과 몇십 년 전까지도 많은 부분을 자급자족하며 살아왔다.

햇빛은 저절로 내리쬐며, 과일은 놔두어도 익고, 물도 장소에 따라 흐르거나 샘솟거나 하므로 조건만 좋다면 먹을 것을 확보하는 데는 별로 수고가 들지 않는다. 하지만 잘하는 것이 있으면 잘 못하는 것도 있는 법이고, 가끔씩만 필요한 기술은 다른 사람에게 부탁하는 편이 빠르다는 사실을 알게 되면서 일이 생겨났다. 곧, 다른 사람의 불편을 없애주는 것이 '일'이라고 할 수도 있다. 그래서 분업이 진행되었지만 지나치게 분업화된 나머지 일이 지겨워지고 말았다.

전체성이 결여되면 지겨워진다. 역동적인 변화를 느끼지 못하기 때문이다. 인간이 무엇에 재미를 느끼는가 하는 문제는 매우 흥미로운 주제인데, 그중 하나는 모든 일에서 변화를 발견하는 것이 아닌가 싶다. 지나친 분업화는 이것을 어렵게 만든다. 그래서 오늘날은 힐링의 방법으로 직접 무언가를 만들거나 채소를 기르기도 한다. 이런 것들은 전체상을 쉽게 파악할 수 있고 변화도 역동적이다.

분업을 하는 이유는 명확하다. 효율성을 높이기 위해서이다. 만들어야만 하는 것이 너무 많아서 일의 양이 많아졌다는 것 역시 변화를 느끼지 못하는 데 한몫했을 것이다. 고도 성장기와 버블 경제 시기의 일본에서는 분업화를 하지 않으면 감당이 안 될 정도로 일의 양이 많았다. 하지만 일의 양이 점점 줄고 있다. 이런 상황에서는 분업화가 아닌 새로운 노동방식이 필요하다. 예를 들면, 'DIY 방법을 가르칠 수 있는 건축설계사'라든가 '일러스트도 할 줄 알면서 웹디자인도 가능한 디자이너' '마케팅도 할 수 있고 글도 제법 잘 쓰면서 웹 프로그래밍도 할 줄 아는 사람'처럼 한 사람이 다양한 방식으로 일하지 않으면 안 되는 것이다(특정 분야의 천재들은 제외하고). 인스타페이퍼(instapaper)라는 어플리케이션을 개발하여 판매하고 있는 마르코 아먼트(Marco Arment)라는 사람은, 천재가 아니지만 혼자서 웹 개발을 하면서 디자인도 하고 광고도 만드는 식으로 살아가고 있다.

작고 소박한 나만의 생업 만들기

지금은 자급자족에서 시작하여 지나친 분업화에 도달하였다가 다시 자급자족으로 돌아가는 시기를 맞고 있는 듯하다. 좀더 나아가자면 분업화 때문에 경험치의 다양성이 떨어지면 이번에는 노동이 오락이 될 가능성마저 있다. 옛날에는 목수 일 정도는 해본 사람이 많았지만, 지금은 그런 사람이 적으므로 목수 일이 신선한 작업이 되기도 한다. 이것도 생업의 힌트가 될 것이다.

'생업을 만든다'는 것은 각 개인이 자기 힘으로 작은 일을 만드는 것이다. 그 과정에서 주변 사람들의 힘을 빌리게 된다.

모든 것을 내 힘으로 하겠다는 완전한 자급자족을 목표로 삼으면 오히려 갑갑해지지 않겠나. 그저 전부 내 힘으로 하지 않더라도 해야만 하는 때가 오면 할 수 있는 것. 이것은 생업을 만듦으로써 몸에 익히는 것 중 하나다.

내가 여태까지 말한 것에, 온갖 서비스가 넘쳐나는 시대에 착오적이라고 생각되는 면이 있을지 모른다. 하지만 아무리 생각해도 지나친 분업화가 사람들의 능력을 떨어뜨리는 것 같다. 생활 속에서의 즐거움이 줄어들게 된 원인 역시 분업화에서 찾을 수 있다. 동시에 자기 몸 하나로 어느 정도는 해나갈 수 있다는 자신감을 잃어버리고 말았다. 이런 사실들이 사회 불안이 커지는 원인임은 분명하다.

이제부터라도 조금씩 자신감을 되찾지 않으면 변함없이 일과 생활은 지겹고 힘들 것이다.

하지만 생활 속에서 하나씩 자기가 할 수 있는 것의 범위를 넓혀가면, 마치 롤플레잉 게임에 익숙해지는 것처럼 재미를 느낄 수 있다고 생각한다.

'생업을 만든다'는 것은 그것으로 돈을 벌어 생활할 수 있느냐 하는 문제는 별도로 치고, 우선 무언가를 스스로 만드는 경험이다. 이것은 산에 올라가면 눈앞에 눈부신 풍경이 펼쳐지면서 마음이 상쾌해지는 것과 비슷한 감각을 선사한다.

산은 혼자 오르면 좋지만 여럿이 함께 올라도 즐겁다.

관심 있는 분들은 도전해보기를 바란다. 재미있으니까.

작고 소박한 나만의 생업 만들기

이 책에는 놀라운 기술이나 일 잘하는 방법 같은 것은 없습니다. 단, 사람들이 어쩔 수 없다고 여기는 것들도 이런 식으로 생각한다면 무리하지 않고도 해결할 수 있다는 사고방식에 관해 정리했을 뿐입니다.

중학생 때부터였는지 고등학생 때부터였는지는 잘 모르겠습니다. 뭔가 이상하다 싶은 것들이 있으면 지치지도 않고 그에 관해 계속 생각하면서 살아왔고, 또 흔치 않은 방식으로 일을 해왔기 때문에 이렇게 책을 내게 되었습니다. 이런 내용이 책이 된다는 것은 그만큼 세상이 이상해진 탓인지도 모르겠습니다.

갑갑한 시대 분위기는 제게도 영향을 미쳤습니다. 대학에서는 활발하게 사회적 활동도 하고 연구도 했기 때문에 낙천적인 성격이었지만, 취직을 하려고 도쿄에 와서 회사를 다니기 시작하면서 패기

없는 생활을 하게 됐습니다. 사람들과의 교류도 거의 없어지고 일에 시달리면서 주말에는 거의 잠만 잤습니다. 전철을 타면 대부업부터 FX마진 거래(Foreign Exchange Margin Trading : 개인이 직접 외국환을 거래하는 것으로서 두 나라의 통화를 동시에 매수, 매입하는 것. 두 나라의 통화 중 오를 것 같은 통화는 사들이고, 내릴 것 같은 통화는 판다—옮긴이), 그리고 '당신의 연봉은 얼마입니까'라며 이직을 권유하는 광고들이 홍수처럼 쏟아져 진절머리가 났습니다. 이러한 스트레스는 시대 분위기와 맞물려 함께 몰려옵니다. 정말 괴로운 일입니다. 저는 아이스크림을 퍼먹는 정도로 버틸 수 있었지만, 대학 친구 가운데에는 마음의 병을 얻어 휴직을 한 사람도 적지 않습니다. 그런 의미에서 사회란 가혹한 것임을 깨닫게 되었습니다.

저는 가혹한 사회를 긍정하지 않습니다. 필요하다면 어느 정도는 인정할 수 있지만 지금과 같은 가혹함은 별로 필요치 않다고 생각합니다. 이런 쓸데없는 가혹함에 말려들고 싶지 않다면, 세상과는 다른 규칙으로 살아갈 방법을 고민해야 합니다. 오늘날은 카리스마 있는 훌륭한 인물이 말해주는, 이것만 하면 별 문제가 없다는 식의 해답은 존재하지 않는 시대입니다.

이 책은 저 자신을 실험 대상으로 삼아 생업을 실천하면서 지금도 시행착오를 거치고 있는 과정을 사색한 기록이기도 합니다. 다른 방식으로 말하자면 새로운 노동방식에 대해 제 삶을 재료 삼아 혼신을 다해 만든 시안입니다. 이 책을 읽고 공감하는 분이 있다면 부디 자기만의 노동방식, 생활방식에 대해 아이디어를 내고 실천하면서 함께 힘을 모아갔으면 좋겠습니다.

자칫하면 사람들과 관계를 맺지 않게 되는 타산적인 현대 사회에서 저는 생업식 노동방식이 그럭저럭 즐겁게 살아갈 수 있는, 현재 가장 유력한 선택지 중의 하나라고 생각합니다. 물론 이상한 다단계 판매나 사이비 종교에도 의지하지 않습니다. 물건을 판다면 상인답게 정정당당히 해야지요.

이 책을 언뜻 보고서 여러 가지 일을 하니까 즐겁겠다, 하지만 그만큼 바쁠 것 같다고 생각하는 분도 있을지 모릅니다. 하지만 계절마다 다른 생업을 하는 것처럼 단기 집중형 생업도 있으니 이를 늘 할 수 있는 생업과 잘 조합한다면, 마음과 시간의 여유는 하기에 따라서 확보할 수 있으리라 봅니다. 또, 하나의 생업을 해서 반응이 좋아지면 그와 비슷한 일을 부탁받는 일도 많습니다. 생화 장식을 만드는 일이 결혼식 관련 생업을 할 때 식장 장식에 도움이 되는 등 좋은 순환이 일어나기도 합니다. 지금 생각해보면 한두 가지 생업이 다섯 가지 정도로 늘어나는 것은 처음에 하나의 생업을 만드는 것만큼 어렵지는 않은 것 같습니다. 이것은 생활과 일을 일체화하는 데서 나오는 효과가 아닌가 합니다. 일과 생활의 균형을 말하기 이전에 일과 생활을 모순이 없는 형태에 가깝게 만들고 싶습니다.

생업은 만물상 같은 면도 있지만 각자 자신 있는 분야도 있게 마련입니다. 저는 생업의 아이디어를 떠올리는 훈련은 늘 하고 있지만, 공작 같은 것을 할 수 있는 능력, 글을 쓸 수 있는 능력, 부분들을 조합해 재미있게 정리하는 편집 능력을 사용하는 역할을 주로 담당하고 있습니다. 디자인 등 다른 분야의 일도 하지만 잘하는 친구에게 부탁할 때도 많습니다. 이 책에서는 자기 힘으로 하는 것을 강조했지만 자기가 할 수 없는 일들은 지인이나 친구에게 직접 부탁하는 것도 즐겁습니다. 생업이라는 형태로 개인 사이에 서비스가 유통된다면 친구에게 무리한 부탁을 할 일도 없어질 테고 과로할 필요도 없는, 좀더 평온한 경제가 만들어질지도 모르겠습니다.

그럼, 앞으로도 잘 부탁드립니다.

2012년 6월

이토 히로시

일본은 절망의 나라이지만 젊은이들은 의외로 행복하다는 사실을 밝힌 책이 얼마 전에 나와 화제가 되었다. 그런데 그들보다 조금 윗세대는 사정이 또 다른 모양이다. 이 책의 지은이인 이토 히로시는 현재 30대 중반으로서 명문 교토 대학을 나왔지만 취업에 줄줄이 실패한 경험이 있다. 고생 끝에 들어간 직장에서는 일에 쫓겨 스트레스를 심하게 받은 끝에 퇴사하고, 자유기고가로 홀로 서보려 했지만 이미 자리를 잡은 사람들의 틈바구니를 뚫고 들어갈 엄두를 내지 못한다. 이건 어쩐지 바로 내 주위에서 누군가 겪고 있는 일만 같다. 여기까지는 전혀 낯설지 않은 '청년'의 이야기이다.

그러나 그뒤 지은이가 택한, '생업'을 하며 살아가는 삶을 살펴보는 순간 어딘지 익숙한 듯하면서도 쉽게 상상하지 못했던 풍경이 눈앞에 펼쳐진다. 이것이 익숙한 까닭은 삶에 필요한 기초적인 것들,

곧 의식주에 관련된 일을 누구나 제 손으로 해결하며 살았던 시대가 그다지 오래되지 않았음을 지은이가 상기시키기 때문이다. 그런 한편으로 회사에 들어가 월급을 받거나 목돈을 들여 자영업을 한다는, 현대 사회에서 당연하게 보이는 선택지를 거부하면서도 내 힘으로 먹고살 길을 제시한다는 점에서 낯설고 놀랍게 보인다.

먹고살 만큼 돈을 벌고 싶다, 건강하게 살고 싶다, 그러면서도 충분한 여가를 누리고 싶다는 것은 현대 사회를 살아가는 모두의 소망이다. 그러나 어느 하나에 신경을 쓰기 시작하면 다른 한 귀퉁이가 금방 무너진다. 그렇기에 뭐든 한 가지는 포기하는 것이 일반적이며 심지어는 바람직하게 여겨지기까지 한다. '평범하게 살아가기 위해서 죽을 만큼 노력해야 하는 이상한 시대'인 것이다.

지은이는 이러한 이상한 시대에 반기를 든다. 죽도록 노력하지 않아도 인간이 살아가기 위해 필요한 것들을 스스로 마련하는 능력을 기르면 충분히 즐겁게 살아갈 수 있다는 것이다. 생업은 삶과 일이 합쳐진 것이기에 아르바이트도, 전업도 아니다. 하면 할수록 건강해지고 먹고살 만큼 돈도 번다. 그러면서도 사람들에게 도움이 되고, 나만의 네트워크도 확장된다. 이러한 지은이의 삶이 설득력 있는 것은 밥과 빨래, 청소에만 그치기 십상인, '사람이라면 누구나 해야 하는/할 수 있는 일'의 범주를 인간의 역사에 비추어 다시 설정하고 있기 때문이다.

작고 소박한 나만의 생업 만들기

또 인터넷으로 전 세계가 엮이는 시대에 발맞추어 개인이 할 수 있는 작은 사업의 가능성도 크게 확장하고 있다. 그중 가장 재미있는 부분은 집을 짓는 기술과 관련된 생업이다. 누구에게나 꼭 필요한 것이지만 극히 소수의 사람들을 제외한다면 한국에서도 집이란 사는 내내 쓰고 있어야 하는 바가지 같은 존재이니까. 자동차까지 '직구'로 구입할 수 있는 세상이건만 이것만큼은 직구가 불가능하니 영원한 '호갱'으로 남게 되는 게 아닐까 두렵다. 이런 고통에 수십 년씩 짓눌리느니 집을 짓는 기술을 서로 배우고 익힌다면 어떨까. 집과 관련된 일은 한국에서도 유력한 생업이 될 것만 같다.

지은이가 시작한 생업을 취업 경쟁에서 밀려난 한 청년의 독자 행보로만 보아서는 안 될 이유가 여기에 있다. 생업은 현대 사회에서 일어나는 삶의 모순을 해결하려는 시도이기도 하기 때문이다. 그리고 한 국가가 '주식회사'로 불렸을 만큼 산업화가 성장의 동력이 되었던 시대는 이제 두 번 다시 찾아오지 않을 것이다. 이 시대에 인간이 이루어놓은 것들을 충분히 활용하면서도 산업화 시대의 삶만이 바람직하다는 사고방식에서 벗어난 새로운 생활방식과 노동방식이 필요한 것은 분명한 사실이다. 생업은 새로운 시대에 딱 맞는 생활방식과 노동방식으로 정착할 수 있을까?

이제 막 시작된 이 실험에 선뜻 동참하기란 쉽지 않을지도 모른다.

하지만 이 책은 삶의 총체성을 잃어버리게 만드는 사회의 모순을 하나씩 해결해가는 것이 사업이 될 수 있다는 것, 그리고 건강하고 즐겁게 일하고 살아가는 것은 생각보다 어렵지 않게 실현될 수 있음을 알려준다. 그런 사람들이 계속 늘어난다면 어떻게 될까. 기회가 닿는다면 10년 후쯤 지은이와 생업을 하고 있는 사람들이 가져올 사회의 변화에 대해서도 꼭 한 번 다시 살펴보고 싶다. 그리고 물론 한국에서 이와 같은 일을 시작했을 사람들의 이야기도 함께 들어보고 싶다.

2015년 7월
지비원

작고 소박한 나만의 생업 만들기